OBSERVATIONS

SUR

L'ARCHITECTURE.

OBSERVATIONS

SUR

L'ARCHITECTURE.

PAR M. L'ABBÉ LAUGIER, *des Académies d'Angers, de Marseille & de Lyon.*

A LA HAYE;

Et se trouve à Paris,

Chez DESAINT, Libraire, rue Saint Jean de Bauvais.

M. DCC. LXV.

AVERTISSEMENT.

TOUT n'eſt pas dit ſur l'Architecture. Il reſte un vaſte champ aux recherches des gens de l'Art, aux obſervations des amateurs, aux découvertes des hommes de génie. Il a fallu beaucoup de temps pour que l'eſprit créateur, en combinant l'agrément avec le beſoin, franchît le prodigieux intervalle qui ſe rencontre entre la cabane ruſtique & un palais d'ordre corinthien. Il a fallu plus de temps encore pour qu'un raiſonnement juſte écartât de cette belle invention les déſordres & les irrégularités d'une imagination licencieuſe.

Les Egyptiens ont eſquiſſé l'Architecture peſamment, les Grecs l'ont deſſinée avec beaucoup de grace, les Romains l'ont exécutée avec force & majeſté. Les premiers ont étonné par la grandeur des masses, & leurs formes ont été sans agrément. Les seconds ont brillé par la pureté des contours & ont inventé les plus belles formes. Les derniers, simples imitateurs des précédens, n'ont fait que profiter de leurs inventions & les adapter à leurs usages. Le génie avoit atteint la perfection de fort près sous le régne d'Alexandre, l'imitation avoit mis la copie presque à l'égalité du modéle sous le régne d'Auguste. On trouve pourtant dans les monumens les plus beaux de ces temps fameux des preuves, que l'Art n'avoit point encore été suffisamment assujetti à l'empire de la raison & du goût.

Ceux qui inventent ont trop de difficultés à vaincre, pour qu'il ne leur échappe ni imperfection ni défaut. Ceux qui ne font qu'imiter prennent le bon & le mauvais du modéle, sans se douter qu'il soit dans le cas d'être rectifié, croyant au contraire que tout est justifié par l'autorité de l'exemple. Voilà pourquoi les Grecs & les Romains ne nous ont pas transmis une Architecture sans tache. Il auroit fallu qu'après eux, de nouveaux progrès attirant un raisonnement plus juste, eussent éclairé leurs défauts, introduit la critique dans l'observation de leurs ouvrages, & empêché que leur célébrité ne donnât lieu à l'erreur d'usurper le crédit des régles.

Il arriva une révolution toute contraire. Comme c'est le sort de tous les imitateurs de demeurer au-dessous de leur modéle, lorsqu'ils ne voient pas au-delà ; comme en toutes choses l'exécution ne va jamais aussi loin que l'idée, les successeurs de Vitruve ne pensant que d'après lui, bien loin de marcher en avant vers la perfection, firent plusieurs pas en arriere ; &

la décadence étant toujours bien plus rapide que le progrès, l'Architecture avoit déja beaucoup dégénéré ſous Conſtantin, fondateur à Rome des baſiliques du Sauveur & de S. Pierre : elle n'étoit preſque plus reconnoiſſable ſous Juſtinien, qui fit bâtir Sainte Sophie à Conſtantinople : elle devint tout à fait barbare dans les ſiécles ſuivants.

Sous Charlemagne, il n'étoit plus queſtion ni de choix dans les formes, ni d'exactitude dans les proportions, ni de pureté dans les ornemens. Tout étoit ſauvage & abatardi. Trois ſiécles après il ſe fit un effort général pour ſortir de cet état d'ignorance & de groſſiereté. On n'avoit pratiqué juſques-là qu'une maniere lourde dont on voit encore le mauvais effet dans nos plus anciennes Egliſes. On paſſa tout à coup à l'extrémité oppoſée. On n'employa dans l'Art de bâtir que le ton le plus léger, la maniere la plus svelte, la hardiesse la plus intrépide. Ce furent des édifices artistement percés à jour, des murs en découpure, en filigramme où tout paroît excessivement foible, & où tout est d'une solidité incompréhensible.

Cette singuliere Architecture supposoit un oubli total des anciens ordres grecs. C'étoit un sistême tout différent, un caractere tout opposé. La seule fantaisie de l'Architecte déterminoit les formes, les proportions & les ornemens. Pour faire mieux que les autres, il ne falloit qu'enchérir sur leur hardiesse & chamarrer l'ouvrage un peu plus.

Enfin une révolution inespérée fit renaître l'Architecture antique. Les ruines de l'ancienne Rome en avoient heureusement conservé les traces. On les examina, on en approfondit les rapports, on trouva ce ſiſtême préférable à tout autre. Cette découverte coincida avec le projet de rebâtir la Baſilique de Saint Pierre du Vatican. Les Bramantes, les Perugin, les Sangalle, les Raphael, les Michel-Ange employérent toute la force de leur génie à égaler dans la conſtruction de cet édifice les merveilles de l'antiquité. Leur exemple excita l'émulation, & leur ſuccès fit loi. La France reçut de l'Italie ce nouveau code d'Architecture, & toutes les autres Nations l'adopterent après elle.

La révolution fut aſſez prompte, malgré les préjugés à vaincre & les obſtacles à ſurmonter : tant le vrai beau a d'empire ſur nos ſens! Mais en reſtaurant ainſi l'Architecture gréque, il a fallu deux ſiécles de tentatives & d'eſſais avant de parvenir à la remonter au point où elle étoit anciennement. La France a eu la gloire de produire le premier morceau qui pût soutenir le parallele avec les monumens antiques les plus célébres ; c'est la colonnade du Louvre. Ce bel Art déjà perdu en Italie, & qui partout ailleurs a fait jusqu'à présent peu de progrès, s'est maintenu, a même beaucoup gagné en France, & nous pouvons nous flater d'en être aujourd'hui au moins où l'on en étoit à Rome du temps de Vitruve.

C'est donc à nous de faire présentement ce qui auroit dû être fait après lui. Jugeons sévérement les bons ouvrages de nos Artistes. Ne leur passons aucun défaut. Exigeons qu'ils nous rendent raison des formes, des proportions, des ornemens ; ou plutôt tâchons de leur applanir les difficultés de la théorie. Joignons nos réflexions à leur expérience, afin que l'espace qui est entre nous & la perfection soit parcouru plus aisément & plutôt.

C'eſt l'objet des Obſervations que je donne aujourd'hui au public.

J'y traiterai d'un grand nombre de choſes qui concernent l'Architecture, & ſur leſquelles peut-être on n'a pas eu juſqu'à préſent des idées aſſez préciſes. Il s'en faut bien que j'aye épuiſé la matiere. L'Architecture a tant de parties, & la perfection d'un ouvrage quelconque dépend de tant de circonſtances, qu'un ſage Obſervateur ne peut tout au plus qu'en choiſir quelques-unes dans un détail infini.

TABLE DES CHAPITRES.

PREMIÉRE PARTIE.

SECONDE PARTIE.

TROISIEME PARTIE.

QUATRIEME PARTIE.

CINQUIEME PARTIE.

SIXIEME PARTIE.

SEPTIEME PARTIE.

Fin de la Table des Chapitres.

OBSERVATIONS

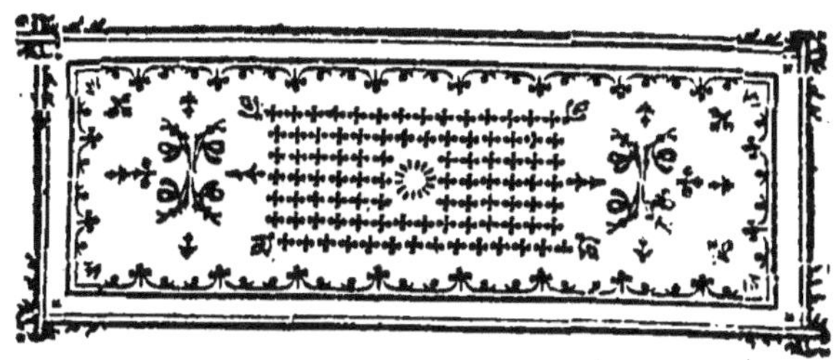

OBSERVATIONS
SUR
L'ARCHITECTURE.

PREMIÉRE PARTIE.

THÉORIE
DES PROPORTIONS.

LES proportions ſont ſi eſſentielles en Architecture, qu'un bâtiment bien proportionné, n'eût-il d'ailleurs d'autre mérite que le bel appareil des matériaux, fera toujours de l'effet, tandis que l'ornement prodigué à un édifice ſans proportions ne ſçauroit réuſſir. Sans la connoiſſance des proportions on peut être appareilleur habile, décorateur ingénieux, on ne ſera jamais véritablement Architecte.

Cette connoiſſance a ſon application a une infinité de choſes. La maſſe de l'édifice, ſes ſubdiviſions dans l'intérieur & dans les dehors, le choix de l'ordonnance relativement au genre & au caractere, l'accord des parties avec le tout, & des parties entr'elles, tous ces objets ſont du reſſort de la ſcience des proportions. Chacun d'eux demande une attention particuliere, de la part de l'Architecte, attentif à bien proportionner ſon ouvrage. Il doit méditer & combiner beaucoup, pour que rien n'altére ce bel aſſortiment, cette douce harmonie, cet enſemble juſte, ſans leſquels les matériaux les plus riches ne préſenteront jamais un ordre de choſes d'où il réſulte un effet ſatisfaiſant.

Perſonne n'eſt plus éloigné que moi du deſſein de nuire à la réputation de nos Architectes. Je leur connois des talens ſupérieurs. J'applaudis volontiers à leur célébrité; mais je crois que la ſcience des proportions eſt abſolument ignorée du plus grand nombre. Car je n'appelle point ſcience des proportions, la connoiſſance de tenter celles qui ont été pratiquées par les Architectes anciens & modernes, de celles dont l'esclavage de la mode & l'esprit imitateur ont fait passer l'habitude des maîtres aux éléves, de celles qui n'ont d'autre principe & d'autre régle qu'un exemple hasardé par un premier homme de génie, & suivi par un torrent de Copistes sans discernement.

Cette connoissance n'est proprement que l'histoire des erreurs, trop longtemps dominantes dans un Art dont tout le monde vante les progrès, & qui pourroit bien n'être encore que dans son enfance.

La science des proportions doit être appuyée sur des fondemens plus solides. Il faut que dans tous les cas un raisonnement juste & précis nous fasse distinguer dans l'échelle indéfinie des dimensions, celles qu'on peut choisir, celles qui sont à rejetter. Tout ce qui n'a pas ce caractere est routine & pratique, & ne sçauroit être honoré du nom de science.

Les Livres d'Architecture exposent & détaillent les proportions usitées. Ils n'en rendent aucune raison capable de satisfaire un esprit sensé. L'usage est la ſeule loi que leurs Auteurs ont ſuivie, & qu'ils nous ont tranſmiſe. L'uſage a un empire certain dans les choſes de convention & de fantaiſie ; il n'a aucune force dans les choſes de goût & de raiſonnement. Ne faiſons point un crime aux Architectes de cette ignorance. Généralement parlant, la Théorie des Arts n'eſt point l'affaire des Artiſtes. Leur devoir ſe borne à en perfectionner les procédés. C'eſt aux Philoſophes à porter le flambeau de la raiſon dans l'obſcurité des principes & des régles. L'exécution eſt le propre de l'Artiſte, & c'eſt au Philoſophe qu'appartient la légiſlation. Il ſeroit ſans doute plus avantageux que le même homme fût Philoſophe & Artiſte ; mais a-t-on aſſez de génie ou aſſez de temps pour être tout ?

J'entreprends de rendre aux Architectes un ſervice que perſonne ne leur a rendu. Je vais lever un coin du rideau qui leur cache la ſcience des proportions. Si j'ai bien vû les choſes, ils en profiteront. Si j'ai mal vû, ils me reléveront, la matiére ſera diſcutée & la vérité ſe fera jour.

CHAPITRE PREMIER.

En quoi consistent les proportions.

1°. Les proportions sont des rapports de grandeurs. On entend par rapport de grandeurs la commensurabilité de deux dimensions, dont la plus grande contient la plus petite un certain nombre de fois. Lorsque de deux grandeurs que l'on compare, la plus grande contient la moindre, ou ce qui revient au même, lorsqu'un terme est multiple ou sous multiple de l'autre un certain nombre de fois sans aucun reste, le rapport est juste, parce que la commensurabilité est exacte. Si au contraire de deux grandeurs que l'on compare, la plus petite est contenue dans la plus grande un certain nombre de fois avec un reste, le rapport cesse d'être juste ; ou plutôt il n'y a plus de rapport, parce qu'il y a incommensurabilité ; c'est-à-dire qu'on ne peut trouver de mesure commune aux deux grandeurs. Ainsi 3 est en rapport avec 6, il est en faux rapport avec 7 $\frac{11}{19}$.

Or comme l'essentiel de la proportion

consiste dans la justesse du rapport ; il faut regarder comme un principe certain, qu'il ne sçauroit y avoir de proportion entre deux grandeurs incommensurables. Cependant si on vouloit se donner la peine de mesurer les dimensions générales & particulieres des Édifices, mêmes les plus fameux, on y trouveroit des incommensurabilités sans nombre.

2°. A ne considérer que la justesse du rapport, toutes les proportions dans les grandeurs commensurables sont également bonnes. Mais ce rapport peut avoir un autre mérite que la justesse. Il peut être plus ou moins sensible ; ce qui nous présente une gradation du bon au meilleur. De deux rapports également justes, celui qui est plus sensible est certainement préférable à celui qui l'est moins. Reste à connoître ce qui constitue la sensibilité plus ou moins grande du rapport des grandeurs.

En comparant deux dimensions exactement commensurables, il faut considérer si c'est la totalité d'un des termes qui sert de commune mesure, ou si c'est seulement une de ses parties aliquotes. Par exemple, 2 est comparé à 4, il est évident que dans ce rapport la totalité du terme 2 eſt la commune meſure, puiſqu'elle eſt contenue une fois en 2 & deux fois en 4. Au contraire que 2 ſoit comparé à 5 : Dans ce rapport ce n'eſt plus la totalité du terme 2 qui ſert de commune meſure, mais la premiere de ſes parties aliquotes, c'eſt-à-dire ſa moitié qui eſt contenue juſte deux fois en 2 & cinq fois en 5. Or dans le premier cas le rapport eſt plus ſenſible que dans le ſecond.

J'obſerverai pour plus grand éclairciſſement que les parties aliquotes ſont $\frac{1}{2}$, $\frac{1}{3}$, $\frac{1}{4}$, $\frac{1}{5}$, $\frac{1}{6}$, &c. & que plus le dominateur de la fraction eſt grand, plus la partie aliquote eſt petite.

D'après ce que je viens de dire, on eſt en état de juger que de deux proportions, fondées ſur des rapports également juſtes, l'une eſt préférable à l'autre par le plus ou moins de ſenſibilité de ces rapports. On eſt encore en état de juger que le rapport peut diminuer de ſenſibilité au point que la proportion ſera non-ſeulement moins bonne, mais même véritablement défectueuſe. Par exemple, que la largeur ſoit 20 pieds & la longueur 30 pieds 6 pouces, on trouvera en comparant ces deux grandeurs le rapport que voici, $\frac{61}{40}$ ou 1 $\frac{21}{40}$. Cette fraction exprime une partie aliquote si petite, qu'il n'y a presque plus de sensibilité. Comment une pareille proportion peut-elle être bonne. Que seroit-ce si la largeur étoit 31 pieds 5 pouces $\frac{1}{2}$ & la longueur 104 pieds 11 pouces $\frac{1}{4}$. Combien ne faudroit-il pas de calculs pour découvrir la vérité de ce rapport? Assurément il n'a rien de sensible. Cependant telle est la proportion de la Nef de la Chapelle de Versailles. Je ne citerai que cet exemple pour prouver que dans les meilleurs ouvrages de nos jours, les vraies proportions sont entiérement négligées. Si on veut se donner la peine d'examiner les plans des Édifices modernes, dans l'ouvrage qui a pour titre *l'Architecture Françoise*, on trouvera ces mauvais exemples répétés à chaque instant.

3°. Le rapport des grandeurs est susceptible d'un troisiéme mérite. Il peut être plus ou moins prochain; ce qui nous fournit une derniere gradation du meilleur au parfait. De deux rapports également justes & sensibles, celui qui est plus prochain est certainement préférable à celui qui l'eſt moins. Qu'entend-t'on par la proximité du rapport ? le voici.

On doit ſe ſouvenir que ce qui conſtitue le rapport, c'eſt que l'un des termes ſoit multiple ou ſous multiple de l'autre. Or le plus ou moins de proximité du rapport vient de ce que le nombre qui exprime le multiplicateur ou le quotient, approche plus ou moins de l'unité. ainſi le rapport de 10 à 20 eſt plus prochain que celui de 10 à 30, parce que le nombre 2 qui exprime le multiplicateur ou le quotient dans le premier rapport, eſt plus près de l'unité, que le nombre 3 qui, dans le ſecond rapport a le même caractere.

La conſéquence de ces principes, c'eſt que les belles proportions en général, ſont celles qui ſe trouvent fondées ſur des rapports juſtes, très-ſenſibles & auſſi immédiats qu'il eſt poſſible.

Il ſuit de-là, 1°. que le rapport de 1 à 1, ou le rapport dégalité fonde la plus belle de toutes les proportions, parce qu'il a la juſteſſe, la ſenſibilité & la proximité la plus grande ; que le rapport de 1 à 2, ou le rapport double produit une proportion moins parfaite, parce qu'il y a un dégré de proximité de moins ; que les rapports de 1 à 3, 1 à 4, 1 à 5, &c, diminuent de perfection en diminuant de proximité par dégrés. Ces proportions qui ne différent entre-elles que par le plus ou moins de proximité du rapport, sont les plus parfaites & constituent la premiere classe.

Il suit de-là, 2°. que le rapport de 2 à 3 fonde le meilleur genre des proportions qui different par la sensibilité du rapport, que celui de 3 à 4 est inférieur au précédent, précisément à cause que sa sensibilité diminue ; que celui de 4 à 5 est plus inférieur encore par la même raison. Ces proportions qui different par le plus ou moins de sensibilité du rapport sont moins parfaites, & constituent la seconde classe.

On doit regarder comme défectueuses & admissibles, tout au plus par licence, toutes les proportions qui réuniroient le défaut de sensibilité à celui de proximité, & comme absolument vicieuses & non-recevables, toutes celles où l'on remarqueroit outre le défaut de sensibilité & de proximité, le défaut de justesse.

Il n'y a donc proprement que deux classes de proportions : la premiere & la plus excellente, eſt celle où les rapports ne different que du côté de la proximité. La ſeconde & la moins avantageuſe, eſt celle où les rapports different du côté de la ſenſibilité; & dans chacune de ces deux claſſes, il y a des dégrés du moins bon au meilleur.

4°. L'Architecture n'eſt pas bornée à 2 dimenſions, longueur & largeur. Communément elle en pratique 3, longueur, largeur & hauteur. Ces trois dimenſions doivent être proportionnées d'après les principes précédens; en ſorte que le moindre terme ſoit au terme moyen, comme celui-ci eſt au plus grand terme, ſans quoi il n'y a point de proportion.

Ici il y a deux genres de rapport dont on peut faire uſage: le rapport Arithmétique, qui procéde par addition 1, 2, 3; ou 1, 3, 5, &c. Le rapport Géométrique, qui procéde par multiplication, 1, 2, 4; 1, 3, 9, &c. A juger de ces deux rapports, ſuivant les principes établis ci-deſſus, on doit donner la préférence au Géométrique, parce qu'il en réſulte une progreſſion, où les proportions ne différent que par le défaut de proximité; au lieu que le rapport Arithmétique établit une progreſſion où les proportions différent par le défaut de ſenſibilité.

Ainſi dans tous les cas où il y aura lieu d'employer les trois dimenſions, les proportions en rapport Géométrique compoſeront la premiere claſſe, & celles en rapport Arithmétique la ſeconde.

J'obſerverai que la hauteur a néceſſairement des bornes déterminées par le beſoin de voir commodément. On voit aſſez commodément de bas en haut, lorſque le rayon viſuel, forme avec la ligne horiſontale, un angle de 45 dégrés. Cet angle augmenté juſqu'à 70 dégrés commence à mettre les objets élevés dans une diſtance incommode à la vue. Ce même angle augmenté au-delà, rend la diſtance ſi incommode qu'il n'eſt plus poſſible d'y regarder ſans ſe tordre le cou.

En ſuppoſant donc que l'angle viſuel à 45 dégrés ſoit le terme moyen, & que cet angle à 70 dégrés ſoit le terme extrême pour la plus grande hauteur poſſible, cet angle à 20 dégrés, ſera l'autre terme extrême pour la moindre des hauteurs poſſibles; parce qu'il y a le même progrès en deſcendant de 45 à 20, qu'en montant de 45 à 70.

On peut donc établir pour principe que toute partie d'Architecture susceptible de hauteur paroîtra trop basse du point de vue, si l'angle visuel est moindre de 20 dégrés, & trop haute, si cet angle a plus de 70 dégrés.

Ces considérations sont essentielles pour qu'on ne s'égare pas dans le choix des dimensions. C'est d'après ces connoissances que l'Architecte doit déterminer la hauteur de ses masses. La plûpart des Édifices péchent par excès ou par défaut de hauteur. Cette dimension demande plus d'étude que les deux autres. Car une fois qu'elle est bien choisie, il n'est pas difficile de lui proportionner la longueur & la largeur en se conformant aux régles que nous venons de voir.

CHAPITRE II.

Des proportions générales dans l'intérieur des Bâtimens.

Il y a dans l'intérieur des bâtimens des piéces de trois genres. Les unes ont les trois dimensions égales, les autres n'ont que deux dimensions égales, les dernieres ont les trois dimensions inégales.

1°. Les piéces du premier genre ont leurs rapports déterminés, & sont dans la proportion la plus parfaite. Telles devroient être toutes les piéces d'appartement, antichambres, chambres, sallons, cabinets, salles à manger. On peut dans ces sortes de piéces substituer à la forme quarrée, la forme, ronde, elliptique, poligone, ou mixte, c'est-à-dire mêlangée de pans quarrés & de portions circulaires. Alors il faudra régler leurs dimensions sur celles du quarré circonscript, en sorte que le diamétre de ce quarré détermine leurs hauteurs.

2°. Les piéces du second genre sont de deux espéces. Elles forment un parellelogramme, ou sur la hauteur ou sur la longeur.

Le parellelogramme en hauteur peut convenir à des dômes, à des ſallons, à des veſtibules & à des cages d'eſcalier. Ces ſortes de piéces ne ſçauroient avoir en hauteur plus du triple de leur largeur. Si elles étoient plus élevées, leur plat-fond ſeroit vû ſous un angle de plus de 70 dégrés, & par conſéquent la hauteur ſeroit exceſſive. C'eſt donc une régle ſûre que dans les dedans, la hauteur ne doit jamais excéder le triple de la largeur.

La proportion du parellelogramme en hauteur ſera parfaite, ſi l'élévation eſt double ou triple d'un des côtés pris ſur la ligne horiſontale. Elle ſera moins parfaite ſi elle n'a qu'une ou trois moitiés en-ſus, moins parfaite encore ſi elle eſt $1\frac{1}{3}$, $1\frac{2}{3}$, $2\frac{1}{3}$, $2\frac{2}{3}$; plus imparfaite encore ſi elle eſt $1\frac{1}{4}$, $1\frac{3}{4}$, $2\frac{1}{4}$, $2\frac{3}{4}$; diminuant toujours de perfection à meſure que le rapport ſera établi ſur une partie aliquote plus petite. On en a vû la raiſon dans le Chapitre précédent.

Il y a des piéces quarrées dont la hauteur eſt moindre qu'un des côtés; cette proportion eſt extrêmement commune dans les piéces d'appartement. Elle a de l'avantage dans celles qu'on habite l'hyver ; moins elles ſont élevées, plus on a de facilité pour les échauffer. Quelquefois même elle devient de néceſſité par des aſſujettiſſemens particuliers. Sur cela j'aurai une premiere obſervation à faire. C'eſt que la hauteur d'une piéce d'appartement ne pouvant être inférieure à celle de la ſtature humaine, les piéces les moins hautes ne devroient jamais avoir moins de 6 pieds de hauteur, afin qu'on ne ſoit jamais en danger de cogner de la tête contre le plat-fond. On craindra même toujours détouffer dans une chambre qui n'aura que 6 pieds de haut. Pour reſpirer librement & ſainement, il faut avoir autour de ſoi & au-deſſus de ſa tête un volume d'air plus conſidérable. Ainſi en fixant à une toiſe la hauteur indiſpenſable, le triple de cette hauteur donnera un très-grand volume d'air à reſpirer, le double de cette hauteur donnera un volume d'air ſuffiſant. On pourra baiſſer le plat-fond juſqu'à une hauteur $\frac{1}{2}$, & jamais au-deſſous d'une hauteur $\frac{1}{4}$. Voilà ce qu'exige la néceſſité d'un volume d'air que l'on puiſſe reſpirer ſans qu'il perde ſon reſſort.

Si l'on veut bien proportionner une piéce moins haute que large, il faut ſans s'écarter de l'exactitude du rapport, le rapprocher autant qu'il est possible de l'égalité, $\frac{4}{5}$, $\frac{5}{6}$, $\frac{6}{7}$, $\frac{7}{8}$, $\frac{8}{9}$, $\frac{9}{10}$; sont des proportions de la seconde classe qui conviennent à ces sortes de piéces. Elles ont moins de perfection, parce qu'il y a moins de sensibilité dans le rapport. Elles ont pourtant encore leur mérite; & elles auront d'autant plus d'effet, qu'il y aura plus de presque égalité.

Le parallelogramme sur la longueur, suppose la largeur & la hauteur égales. Cette forme convient aux grandes salles & aux galeries. Les belles proportions pour les salles seront la longueur double ou triple de la largeur. La piéce deviendra galerie, si la longueur va à quatre ou cinq largeurs; & si cette longueur est poussée plus loin, le plat-fond paroîtra trop bas, par les raisons d'Optique, indiquées dans le Chapitre précédent. Les proportions moins belles seront pour les salles, $1\frac{1}{2}$, & $2\frac{1}{2}$ en longueur, & pour les galeries $3\frac{1}{2}$, & $4\frac{1}{2}$. Tout ce qui est au-dessous doit être évité, comme diminuant trop la sensibilité du rapport, & s'écartant trop de la perfection.

3°. Les piéces du troisiéme genre sont celles où la largeur, la hauteur & la longueur ſont inégales. C'eſt ici qu'on doit faire l'application de ce que nous avons dit des rapports Géométrique & Arithmétique.

La plus grande hauteur poſſible ne pouvant excéder trois largeurs, ſi l'on employe le rapport Géométrique, qui eſt le plus parfait, neuf largeurs feront la plus grande longueur poſſible. La hauteur double donnera dans le même rapport, quatre largeurs ſur la longueur & ainſi des autres.

Le rapport Arithmétique, quoique moins parfait, peut cependant être admis. Sur une hauteur double, il donnera trois largeurs, & ſur une hauteur triple, cinq largeurs pour la longueur.

Ces proportions conviennent aux nefs des Egliſes & aux grandes galeries des Palais les plus vaſtes. Dans ces piéces immenſes, on ne peut trop éviter d'affoiblir la ſenſibilité des rapports; & on l'affoiblira néceſſairement d'une maniere défectueuſe, ſi on établit la proportion ſur une partie aliquote quelconque. C'eſt à cette beauté de proportion qu'il faut aſſujettir, ſacrifier même tout le reſte.

Les galeries de communication ou en corridor, ainſi que les piéces de dégagement & de commodité, ne demandent pas des proportions ſi recherchées. Cependant avec de l'attention & du ſoin, il n'eſt pas impoſſible de les ſoumettre à une ſorte de régle, & un Architecte donnera une idée avantageuſe de ſon talent en ne s'y permettant aucune négligence.

Les portiques en frontiſpice & les collatéraux des Egliſes ne peuvent pas toujours être aſſujettis à ces belles & grandes proportions. Il n'eſt pourtant pas impoſſible d'y employer des rapports ſatisfaiſants. L'habileté, dans ces occaſions de contrainte, eſt de choiſir le rapport le plus beau poſſible, & de combiner ſon plan de maniere qu'on ne ſe trouve jamais dans le cas de ſortir des bornes d'une proportion exacte. Il eſt faux de dire que tout doit céder à la partie principale. L'étude & le travail de l'Architecte doit s'étendre juſques aux moindres piéces ſubalternes & acceſſoires, pour n'y admettre que des dimenſions dont le rapport ſoit non-ſeulement exact, mais auſſi ſenſible & auſſi prochain qu'il eſt poſſible.

Les piéces d'appartement peuvent avoir les trois dimenſions inégales. Il faut alors que cette inégalité en rapport Géométrique ou Arithmétique s'éloigne le moins qu'il est possible de l'égalité parfaite. Comme, 4, 5, 6, ou 5, 6, 7, ou 6, 7, 8, &c.

Tout ce que je viens de dire est fondé en raison. Qu'on aille présentement la toise à la main, mesurer les dimensions intérieures des édifices qui ont le plus de célébrité; & on verra combien les proportions en ont été peu soignées. On sera étonné de n'y trouver que des longueurs & des hauteurs déterminées au hazard, sans qu'il paroisse que l'Architecte se soit douté de la nécessité d'y mettre de la liaison & du rapport. On aura peine à comprendre que des proportions dont le principe est si simple, & dont la découverte étoit si facile, aient été ignorées ou négligées par les Architectes qui ont eu le plus de génie & d'habileté.

Ces défauts multipliés viennent de ce que les Architectes dans leur travail, suivent presque toujours une méthode contraire à la nature de la chose. Au lieu d'assujettir les parties de leur ordonnance à cette proportion du tout; ils commencent par arranger & symmétriser leur ordonnance; & pourvu qu'elle soit à leur gré, ils ſe mettent peu en peine que la proportion du tout ſoit rigoureuſement exacte. L'un peu plus & l'un peu moins eſt chez eux de nulle conſidération, parce qu'ils ſçavent bien que le jugement des yeux n'eſt pas auſſi fin que celui des oreilles, pour ſentir l'accord des choſes.

Il faudroit d'abord déterminer les trois dimenſions du lieu que l'on veut conſtruire & décorer, & d'après ces trois dimenſions, arranger & ſymmétriſer l'ordonnance. Mais cette méthode entraîneroit une plus grande gêne, augmenteroit les difficultés du détail, exigeroit des études plus profondes, & un travail moins précipité. Voilà pourquoi on en choiſit une plus abregée. Voilà pourquoi auſſi dans l'intérieur de preſque tous les bâtimens, l'effet de l'enſemble n'eſt jamais tel qu'il devroit être. On ſent qu'il y manque quelque choſe qu'on ne ſçauroit définir. Si on examinoit l'ouvrage à fond, on verroit que ce défaut qui ſe fait ſentir ſans ſe manifeſter aſſez, eſt communément un défaut de proportion contraire aux principes & aux régles que nous avons detaillées dans le Chapitre précédent.

CHAPITRE III.

Des proportions générales ſur la façade extérieure des bâtimens.

Les proportions des façades extérieures ſont bornées à deux dimenſions, dont l'une, qui eſt la longueur ou la largeur, répond à la ligne horiſontale, & l'autre, qui eſt la hauteur, répond à la ligne perpendiculaire.

La ſurface extérieure des bâtimens doit être proportionnée relativement à leurs différens genres. Ce ſont ou des corps-de-logis, ou des pavillons, ou des portails, ou des tours, ou des galeries. De-là réſultent autant de façades de genre différent qui ne ſçauroient avoir les mêmes proportions.

Ou la longueur & la hauteur ſeront égales, ou la longueur excédera la hauteur, ou enfin ce ſera la hauteur qui aura plus de dimenſion que la longueur. Voilà tous les rapports poſſibles.

1°. La forme quarrée ou la façade qui a autant de hauteur que de largeur, convient à tous les pavillons, à tous les portails d'Eglise, aux portes des Villes, aux arcs de Triomphe.

2°. La longueur plus étendue que la hauteur, convient aux façades de tous les corps-de-logis & de toutes les galeries. Les belles proportions seront toujours que la longueur soit multiple de la hauteur, ou au moins multiple de la demie hauteur; & on fera toujours bien d'éviter de fonder le rapport sur une partie aliquote plus petite. Pour les façades des corps-de-logis, on en bornera la longueur au triple de la hauteur; & la longueur des façades des bâtimens en galeries n'excédera pas cinq fois leur hauteur. En suivant ces proportions, si la façade est très-longue, on se trouvera dans la nécessité de la couper par des pavillons de différente forme, & c'est précisément ce qui convient pour le bel effet d'une grande façade.

3°. La hauteur excédant la largeur convient aux dômes, aux pyramides & aux tours. Le principe est encore ici le même. Les belles proportions exigent que dans tous ces genres d'édifices la hauteur soit multiple de la largeur, ou tout au moins de la demie largeur, & qu'on évite de fonder le rapport sur des parties aliquotes plus petites. La belle hauteur des dômes eſt celle qui ſera double ou triple de leur largeur & point au-delà. La hauteur des tours doit être déterminée par celle des pyramides, une pyramide qui a en hauteur plus de neuf fois la largeur de ſa baſe, paroît trop aiguë & trop grêle à ſon ſommet. Ainſi les plus hautes tours ne ſçauroient avoir en élévation plus de neuf fois la largeur d'un des côtés de leur baſe. Leurs différens dégrés d'élévation, ainſi que des pyramides, ſont donc depuis quatre largeurs juſques à neuf.

4°. Les élévations des façades extérieures doivent être proportionnées à la grandeur de l'eſpace d'où on peut les voir. Sur quoi il faut avoir égard à l'angle du rayon viſuel. Si cet eſpace eſt très-vaſte, on ne riſque rien de porter l'élévation de la façade au point, que vue du centre de l'eſpace, elle le ſoit ſous un angle de 45 dégrés : pourvu cependant que l'étendue de la façade comporte cette élévation dans les proportions que nous venons de dire. Il eſt très-facheux que pluſieurs de nos plus grandes façades ſe trouvent ſans proportion avec l'eſpace d'où on peut les voir. Tels ſont les portails de ſaint

ſaint Sulpice & celui de ſaint Gervais. On a rendu viſible depuis peu la belle façade du Louvre. On nous fait eſpérer que le beau portail de la nouvelle Egliſe de ſainte Geneviéve ſera mis à découvert par une grande place & une rue en face. Il ſeroit à deſirer que nos principaux édifices euſſent le même avantage. Celui qui mériteroit le plus d'en jouir, c'eſt le Louvre du côté de S. Germain l'Auxerrois. Quand verrons-nous abbatues toutes les indignes maiſons qui deshonorent le voiſinage de ce Palais ſuperbe ? quand leur verrons-nous ſubſtituer des façades qui méritent d'accompagner ce beau morceau ? quand aura-t'on le courage de percer une large rue en face de la grande porte, & de la prolonger aſſez pour qu'elle forme une avenue digne d'un édifice de cette conſéquence ? Hélas ces vœux que l'amour des Arts nous inſpire ne ſeront peut-être jamais remplis.

Dans les dehors des bâtimens, rien ne fait un effet plus majeſtueux que les grandes élévations, leſquelles étant bien proportionnées d'ailleurs, préſentent des maſſes qui étonnent le ſpectateur; & dans les édifices de conſéquence, on ne peut trop viſer à produire cet étonnement.

Les dômes des Invalides & du Val-de-Grace ont cet avantage. Ce sont de fortes masses qui, par leur élévation se dessinent dans le vuide des airs, & y jouent d'une maniere surprenante. Bien des gens craignent que le dôme de la nouvelle Eglise de sainte Geneviéve ne produise pas cet effet surprenant. Lourdement assise sur la masse de l'édifice, & foiblement élancée dans les airs, sa forme aura d'autant plus de désavantage, que tous les yeux feront la comparaison & sentiront le contraste avec le dôme voisin du Val-de-Grace. Je fais cette observation d'autant plus librement qu'il est encore temps d'éviter cet inconvénient, & que l'Architecte a dans son génie plus de ressources qu'il n'en faut pour donner à son dôme toute la perfection dont il est susceptible.

Toute façade qui a une grande étendue, doit être coupée & interrompue par des hauteurs inégales. Il ne suffit pas d'y dessiner quelques avant-corps. Il faut que vûe du point d'éloignement où toutes les parties se confondent, & où il ne reste plus que la masse, elle présente aux yeux du contraste & de la diversité. La façade du Château de Versailles sur les

Jardins, vûe de ce point d'éloignement, ne paroît qu'une longue muraille, au lieu que celle des Tuileries, de quelque endroit qu'on l'envisage, présente toujours l'idée d'un grand Palais.

Nos anciens dessinoient de petit goût & avoient une architecture bizarre. Mais quant au fracas produit par la diversité des masses dans l'extérieur des Palais, ils l'entendoient beaucoup mieux que nous. Je suis presque tenté de regreter ces tours gothiques de diverse forme & de différentes hauteurs, qui flanquoient & distinguoient nos vieux Châteaux. Croit-on avoir bien fait de s'astreindre à terminer uniment toutes les façades de nos édifices modernes? croit-on que tous les bâtimens du Louvre réduits à la même élévation, croit-on que la balustrade, uniforme qui les termine & qui n'est interrompue que par les foibles pointes de quatre frontons, puissent faire autant d'effet que ces gros pavillons surmontés de combles, de forme diverse & de hauteur inégale, que les premiers constructeurs de ce Palais avoient imaginés? Que l'on fasse le même changement au Palais des Tuileries, & on verra succéder l'effet le plus médiocre à l'effet le plus majeſtueux & le plus grand.

Pourquoi les vûes des Villes où l'on apperçoit une multitude de dômes & de tours dans une confuſion de bâtimens hauts & bas, préſentent-elles une perſpective ſi frappante ? c'eſt que nous aimons en tout la diverſité des maſſes. Ne renonçons donc point à la bonne habitude de les varier ſur les façades de nos bâtimens. Souvenons-nous qu'il n'y a proprement que les hauteurs inégales qui varient les maſſes ; parce qu'elles ſeules deſſinent cette variété dans le vuide des airs. Ce ſont comme des montagnes à l'horiſon, qui par l'inégalité de leurs contours, par la biſarrerie de leurs formes & par la fierté de leurs cimes, tracent devant nos yeux une ſcéne pleine de pompe & de majeſté.

CHAPITRE IV.

Des proportions des parties avec le tout dans l'intérieur des bâtimens.

SUPPOSÉ qu'on veuille employer dans les dedans quelqu'un des ordres d'Architecture, le diamétre de la colonne doit être proportionné à l'étendue & à la capacité de la piéce. C'est-à-dire que plus le vaiſſeau ſera grand, plus ce diamétre doit augmenter. Les raiſons de convenance ſe joignent ici aux principes de ſolidité pour exiger ce rapport des parties avec le tout.

Mais par quelle régle peut-on déterminer dans tous les cas le vrai diamétre de la colonne? le voici.

Dans toute piéce intérieure bien proportionnée, le diamétre de la colonne eſt déterminé par la hauteur de la piéce. Diviſez cette hauteur pour l'ordre dorique en neuf parties, pour l'ordre ionique en dix, pour l'ordre corinthien en onze. Une de ces parties vous donnera le diamétre de la colonne. Je dirai dans les Chapitres ſuivans, les raiſons qui obligent à cette division. En suivant cette régle, on sera sûr de proportionner exactement l'ordonnance à la capacité du vaisseau, car toutes les parties de l'ordonnance, grandes & petites sont relatives au diamétre de la colonne. Ainsi dès que ce diamétre sera déterminé avec justesse, l'assortiment des parties avec le tout sera admirable, & l'ensemble sera parfait.

Voilà certainement à quoi bien des Architectes n'ont pas donné leur application. Delà vient qu'on trouve dans je ne sçai combien de bâtimens des colonnes absurdement colossales ou ridiculement naines, si j'ose m'exprimer ainsi; tandis qu'aucune colonne ne doit être ni colossale ni naine, mais se tenir toujours dans les bornes de la proportion. C'est abuser des termes, que de dire un ordre colossal, une colonne colossale. On dit avec raison une statue colossale, parce qu'elle outre les proportions d'un être auquel la nature a donné une grandeur déterminée. Mais quand il s'agit d'ordre & de colonne, cette expression ne doit plus avoir lieu; parce que là où tout est assujetti à des proportions obligées, & où il n'y a point de grandeur déterminée par la nature, il ne peut rien y avoir de colossal. Les colonnes vraiment colossales seroient celles dont le diamétre excéderoit les proportions du lieu où elles doivent être placées. Mais de pareilles colonnes essentiellement défectueuses ne doivent jamais trouver place dans les ordonnances d'Architecture.

Dans les piéces qui doivent être voutées, il faudra employer une division différente pour trouver le diamétre de la colonne. Retranchez de la hauteur le demi diamétre de la voute. Divisez le reste en 11 parties pour l'ordre dorique, en 12 pour l'ordre ionique, en 13 pour l'ordre corinthien. Une de ces parties vous donnera le diamétre de la colonne.

J'observerai seulement que dans les piéces voutées, il sera toujours très-bien, que le ceintre de la voute soit un excédent à la hauteur qui aura été déterminée suivant les régles du Chapitre premier; pourvu que cet excédent n'éléve pas la clef de la voute au-delà des bornes auxquelles on est obligé de s'arrêter pour la hauteur dans les dedans.

Il est rare que dans les dedans on soit dans le cas d'employer deux étages d'architecture. Mais si la très-grande élévation ou le besoin d'avoir des galeries hautes mettent dans cette nécessité, alors il faudra procéder différemment.

Retranchez de la hauteur totale le demi-diamétre de la voute, si la piéce doit être voutée. Divisez le reste en deux parties égales, qui vous donneront la hauteur des deux étages. Procédez pour chacun d'eux comme ci-dessus, en observant de placer au rès-de-chaussée l'ordre le plus mâle, & vous aurez le diamétre de la colonne pour l'étage d'en bas & pour l'étage d'en haut. Les détails se trouveront dans le Chapitre sixiéme.

Toutes les fois qu'un seul ordre pourra suffire, il faudra préférer cette disposition; outre qu'elle engage à moins de travail & à moins de frais, elle est plus naturelle & plus vraie.

La très-grande élévation peut certainement obliger à deux étages d'Architecture; lorsqu'il en résulte un diamétre de colonne si fort, qu'on manquera de matériaux pour en former les tambours; & lorsque cette force de diamétre conduit dans les collatéraux à une élévation de plat-fonds si outrée, qu'elle excéde de beaucoup toutes les belles proportions. Alors c'eſt une néceſſité de ſe réduire à un diamétre beaucoup moindre ; ce qui ne peut s'exécuter, qu'en ſubſtituant deux ordres d'Architecture à un ſeul.

CHAPITRE V.

Des proportions des parties avec le tout, ſur la façade extérieure des bâtimens.

IL eſt beaucoup plus difficile de bien proportionner les parties avec le tout dans les dehors que dans les dedans d'un édifice.

Les façades ſont de deux genres : avec ordre d'Architecture ou ſans ordre d'Architecture.

1°. A l'extérieur il eſt plus eſſentiel encore que dans l'intérieur, d'ordonner la décoration en grandes parties. De-là vient qu'il y a fort peu d'édifices dont les façades comportent deux étages d'Architecture. Les bâtimens ordinaires doivent être réduits à un ſeul ordre, élevé ſur un ſocle en maniere de ſoubaſſement. Ce ſocle peut avoir 1, 2 ou 3 diamétres. Moins le ſoubaſſement ſera élevé, plus ſur une hauteur donnée, l'ordre d'Architecture gagnera en force, & il ne peut en trop avoir pour faire de l'effet.

Aux deux nouvelles façades qui décorent la place de Louis XV, l'ordonnance d'Architecture n'eſt pas aſſez mâle ; & ce qui occaſionne ce défaut, c'eſt la trop grande hauteur du ſoubaſſement. La foibleſſe de cette ordonnance eſt prouvée, parce qu'il en réſulte une quantité de petites parties ſi peu ſenſibles que l'œil le plus perçant ne ſçauroit les diſcerner. Toutes les moulures de l'entablement ſont ſi petites qu'il faut un teleſcope pour en diſtinguer les profils ; & l'ouvrage de ſculpture dont pluſieurs de ces moulures ſont enrichies, introduit ſur des parties très-petites, une ſi grande petiteſſe de ſubdiviſions qu'elle échappe entierement aux regards. Ce ſont de petits colifichets qui demandent d'être vûs de très-près ; tandis qu'il faut que toutes les parties d'une ordonnance marquent de très-loin ; & qu'il n'y a de nobleſſe & de majeſté, que lorſque le profil de chaque moulure eſt fortement prononcé & reſſenti. On auroit beaucoup mieux fait de retrancher l'énorme ſoubaſſemeut de ces deux façades, d'établir le péristile au rès-de-chauſſée ſur un perron élevé de pluſieurs marches, & de lui donner toute la hauteur du bâtiment. Alors le diamétre des colonnes auroit été très-fort. Toutes les moulures plus fortes & plus saillantes, seroient devenues très-sensibles & on ne les auroit point sculptées vainement. Les balustres eux-mêmes auroient paru ce qu'ils doivent être. Au lieu que ceux qu'on y voit aujourd'hui ne marquent pas plus que certains papiers découpés autour d'un plateau de dessert.

Les portails d'Eglise, les pavillons en dôme & les tours, sont les seuls édifices susceptibles à l'extérieur de plusieurs ordres en élévation. Encore est-il rare pour les portails d'Eglise, qu'on soit dans une vraie nécessité d'y multiplier les ordres. Au grand portail de saint Sulpice ils sont entassés sans aucune apparence de raison. Pourquoi faut-il que le portail ait deux fois plus de hauteur que l'Eglise même? L'Architecte qui a donné le plan de la nouvelle Eglise de sainte Geneviéve a bien mieux pensé. Il s'est borné à un seul ordre très-fort & très-mâle, à l'imitation du portail du Pantheon. Ce morceau aura toute la grandeur & toute la noblesse imaginable; & je crois pouvoir garantir qu'il n'aura encore rien paru de si beau depuis la renaissance des Arts.

Les pavillons en dôme, introduits ſur une façade pour en interrompre l'uniformité, comme au Palais des Tuileries, exigent néceſſairement un étage d'Architecture de plus, que la façade des corps de logis. Il faudroit leur ſuppoſer une élévation & une maſſe prodigieuſe pour y employer trois étages d'Architecture. On les a employés au pavillon du milieu des Tuileries. La maſſe de ce pavillon ne les comportoit pas. Qu'en eſt-il réſulté? Trois petits ordres, mais très-petits, une infinité de petites parties, & par conſéquent un ouvrage foible & de petit goût. La même faute a été commiſe à toutes les façades du Louvre qui ſont au-dedans de la cour. Quoi de plus foible & de plus colifichet que les trois ordres qui décorent ces façades? Les colones du troiſiéme étage ſont auſſi minces que des bâtons. S'il y a quelque choſe à admirer au portail de ſainte Geneviéve, c'eſt l'art avec lequel l'Architecte à entaſſé trois étages d'Architecture, en y conſervant un certain air de force & de grandeur. Mais ces exemples ne ſont point à imiter; & on ſera toujours plus ſûr de travailler de grand goût, en ne mettant qu'un ou deux étages d'Architecture sur la façade qui a le plus d'élévation. Aux tours les plus hautes, je ne voudrois que deux étages d'Architecture, plantés sur un soubassement un peu haut, & terminés par un amortissement piramidal.

Quand, sur l'élévation donnée d'une façade, on s'est déterminé pour le choix d'un ou de deux étages d'Architecture, on trouvera aisément le diamétre des colonnes en divisant cette hauteur comme il a été dit dans le Chapitre précédent. Si l'édifice doit avoir un comble, il faut bien se garder de construire une balustrade au-dessus de l'entablement, comme plusieurs Architectes l'ont pratiqué inconsidérément, au Luxembourg, au Palais Royal & dans beaucoup d'autres bâtimens. La balustrade suppose toujours un édifice couvert en terrasse & sans toît. C'est donc un contresens ou plutôt une contradiction manifeste de joindre la balustrade au toît. On pourroit même mettre en question, si la balustrade au-dessus de l'entablement, même aux édifices où il ne paroît point de toît, n'est pas contre les bonnes régles. L'entablement présente toujours l'image des entraits, des jambes de force, & des chevrons qui conſtituent la charpente du toît. Eſt-il naturel que le toît ſoit ſuprimé, l'orſqu'on en conſerve tous ces indices frappans.

Quoiqu'il en ſoit, ſur les façades extérieures des bâtimens, l'eſſentiel eſt de rendre l'ordonnance auſſi mâle qu'il eſt poſſible, ſans s'écarter d'aucune des autres loix; & ce n'eſt pas une petite étude. On ne voit ſur la plûpart des façades que petits ordres & petites parties. Auſſi elles ſont preſque toutes très-peu d'effet. Nous n'avons eu juſqu'à préſent que la grande façade du Louvre qu'on pût citer comme une façade majeſtueuſe. Encore y a-t'il à reprendre la hauteur exceſſive de ſon ſoubaſſement. Nous en parlerons plus amplement dans la ſuite.

2°. Les façades ſans ordre d'Architecture, ſont les plus communes, & d'ordinaire on s'y gêne peu ſur les proportions. Cependant ſur ces façades même il doit y avoir un rapport des parties avec le tout. Je ne parle point des petites maiſons bourgeoiſes où l'on fait comme on peut, & d'où l'économie bannit la régle. Je parle des Hôtels, des Châteaux & des autres édifices où l'on ſe trouve dans le cas de travailler en grand.

Il eſt queſtion d'en bien proportionner les étages & l'entablement. Une maniere bien ſimple ſeroit de ſuppoſer un ordre d'Architecture à chaque étage, & de conſerver les proportions qui en réſulteroient, en n'y laiſſant que l'entablement le plus haut. Mais ſi les étages ſont multipliés, on donnera néceſſairement dans le petit, & l'entablement reſté apparent, ſera horriblement chétif. Ainſi il vaut beaucoup mieux ne ſuppoſer qu'un ſeul ordre, planté ſur le ſocle du bâtiment, afin qu'il en réſulte un entablement fort & mâle, & diſtribuer les étages en diminution de bas en haut. S'il y a deux étages, diviſez toute la hauteur en cinq parties. Vous en donnerez trois à l'étage d'en bas, & deux à l'étage ſupérieur. S'il y a trois étages, diviſez toute la hauteur en neuf parties. Vous en donnerez quatre à l'étage le plus bas, trois à l'étage du milieu, & deux à l'étage le plus haut. Ne pouſſez jamais la ſubdiviſion au-delà de trois étages. Vous retomberiez dans les petites parties qu'on ne peut éviter trop ſoigneuſement.

Une troiſieme maniere eſt dans les

façades très-hautes, de détacher le rès-de-chaussée en le traitant en forme de soubassement. Alors vous supposerez un seul ordre, planté sur ce rès-de-chaussée, & vous y distribuerez les étages selon la méthode que je viens de tracer. Cette maniere très-ordinaire parmi nous, n'est pas à beaucoup près aussi avantageuse pour l'effet que la précédente.

Si la commodité demande des entre-soles, l'exactitude de l'ordonnance exige que ces entre-soles ne soient point marqués sur la façade, parce qu'ils ne peuvent que déranger la régularité des proportions.

On voit assez fréquemment sur les façades des Palais de Rome, entre deux étages de grandes fenêtres, un petit étage de fenêtres en mezzanines. Ce défaut se trouve répété sur plusieurs façades de nos bâtimens. On voit encore plus souvent parmi nous les fenêtres supérieures beaucoup plus hautes que les fenêtres d'en bas. Rien n'est moins naturel & ne fait un plus mauvais effet. Les raisons de solidité veulent que le bâtiment aille par retraites, & diminue de poids en s'élevant. Or puisque l'épaisseur des murs doit diminuer à chaque étage, il faut qu'il en soit de même de la hauteur ; parce que pour la solidité la hauteur des planchers doit se proportionner à l'épaisseur des murs. Ainsi il n'y a de vraie & bonne pratique que celle qui diminue les étages en élevant le bâtiment ; & la méthode que je viens de prescrire pour cette diminution me paroît la plus naturelle & la plus raisonnable de toutes. Il faut que cette diminution ne soit ni trop grande ni trop petite. Elle deviendra très-sensible par la division en 5 pour deux étages, & en 9 pour trois étages. Si on veut diminuer cette sensibilité, on n'aura qu'à diviser en 12 au lieu de diviser en 5, & on donnera 7 à l'étage d'en bas, & 5 à l'étage supérieur. Divisez de même pour les trois étages en 15 au lieu de diviser en 9, vous en aurez 6 pour l'étage le plus bas, 5 pour l'étage du milieu, & 4 pour l'étage le plus haut.

CHAPITRE VI.

Des proportions des parties entre-elles.

Nous avons déterminé dans les Chapitres précédens les proportions des masses principales. Il s'agit présentement de proportionner avec la même exactitude les parties de détail.

1°. Commençons par les parties essentielles de tout ordre d'Architecture, qui sont la colonne & l'entablement.

Nous avons vû Chapitre III. que la pyramide la plus haute ne doit pas avoir en élévation plus de 9 fois la largeur d'un des côtés de sa base ; & que si on la poussoit au-delà, elle paroîtroit trop menue & trop grêle, parce que sa pointe feroit un angle des plus aigus. Nous pouvons donc hardiment fonder sur ce principe la proportion de la colonne de l'ordre le plus svelte, la hauteur de toutes les parties verticales se trouvant bornée en Architecture à 9 fois la largeur d'un des côtés de leur base.

L'ordre le plus svelte est l'ordre corinthien. La hauteur de ſa colonne ſera donc raiſonnablement fixée à 9 diamétres. L'ordre ionique a un degré de legéreté de moins, la hauteur de ſa colonne ſera donc très-bien ſi on la fixe à 8 diamétres. L'ordre dorique a encore un degré de legéreté de moins ; nous donnerons donc à ſa colonne 7 diamétres de hauteur. Ces proportions ſont raiſonnables, & marquent les différents caractères des ordres, depuis le plus mâle juſqu'au plus ſvelte.

L'entablement doit être plus ou moins leger; ſuivant que la colonne eſt plus ou moins haute. Les raiſons de la ſolidité preſcrivent cette régle. On y ſatisfera en donnant à l'entablement dans tous les cas 2 diamétres de hauteur. Dans l'ordre dorique il ſera de $\frac{2}{7}$ ou d'un peu plus du quart de la colonne. Dans l'ordre ionique, il ſera de $\frac{2}{8}$ ou du quart juſte. Dans l'ordre corinthien, il ſera de $\frac{2}{9}$ ou d'un peu moins du quart. Outre que cette proportion eſt fondée en raiſon, elle eſt commode & abrege le travail.

On ne ſçauroit tout-à-fait borner chacun des ordres à une ſeule & unique proportion. Les bienſéances du ſujet ne ſont pas toujours les mêmes ; pour que l'Art ait une ſphére plus étendue, il eſt néceſſaire que le même ordre puiſſe être traité ſuivant les circonſtances plus ou moins legérement. Cette raiſon de convenance a fondé l'uſage d'exagérer un peu dans certains cas la hauteur des colonnes. Ainſi il eſt juſte que l'on puiſſe dans l'occaſion pouſſer la colonne dorique à 8 diamétres, la colonne ionique à 9, & la colonne corinthienne à 10. L'entablement étant toujours de 2 diamétres ſera alors dans l'ordre dorique de $\frac{2}{8}$ ou du quart, dans l'ordre ionique de $\frac{2}{9}$ ou d'un peu moins du quart, dans l'ordre corinthien de $\frac{2}{10}$ ou du cinquiéme juſte. Ces proportions ſont vraies, ſimples & faciles à pratiquer.

Ainſi lorſqu'un ordre d'Architecture n'aura point de voute à ſupporter, on diviſera toute la hauteur en 9 ou en 10 parties pour l'orde dorique, en 10 ou en 11 parties pour l'ordre ionique, en 11 ou en 12 parties pour l'ordre corinthien, & l'une de ces parties donnera le diamétre de la colonne.

Si l'ordre d'Architecture doit ſupporter une voute, on retranchera de la hauteur totale celle du ceintre de la voute. On divisera le reste en 11 ou en 12 parties pour l'ordre dorique, en 12 ou en 13 pour l'ordre ionique, en 13 ou en 14 pour l'ordre corinthien. Les deux parties de surplus qu'on trouve dans cette seconde subdivision, donneront la hauteur du faux attique, qui doit détacher la naissance de la voute de la saillie de l'entablement.

Je donne deux termes à chaque ordre du plus mâle au plus svelte. Il y a entre ces deux termes des degrés intermédiaires dont on pourroit faire usage. Mais si l'on a égard, comme on le doit, aux principes établis sur la sensibilité du rapport dans le Chapitre premier, on n'employera au plus qu'un seul de ces degrés, celui qui est exactement mitoyen entre le plus mâle & le plus svelte. C'est-à-dire dans l'ordre dorique, on n'admettra que 3 hauteurs de colonne, à 7 diamétres, à $7\frac{1}{2}$ & à 8, & ainsi des autres ordres. Voilà 3 diversités très-marquées dans chacun des ordres, qui satisferont à toutes les bienséances que la différence des sujets pourroit exiger.

2°. La colonne a trois parties, la base, la tige & le chapiteau. La base a été imaginée comme un empatement néceſſaire, pour conſolider la partie inférieure de la colonne, & le chapiteau comme une maniere de couſſinet, pour l'aider à porter plus facilement l'entablement. Dans un bâtis de charpente, les piéces qui portent de bout, ſont butées par en bas & par en haut, la ſolidité le veut. C'eſt à cette imitation qu'on a imaginé les chapiteaux & les baſes des colonnes. Les moulures & ornemens qui décorent ces deux parties, ſont des affaires de goût, & on peut les varier à l'infini. Cependant le raiſonnement entre pour quelque choſe dans leurs proportions.

Les parties qui butent par en bas, doivent s'écarter en deſcendant, & celles qui butent par en haut doivent s'écarter en montant. Delà la régle qui veut que dans la baſe les moulures diminuent de force & de ſaillie à meſure qu'elles s'approchent de la tige, & que dans le chapiteau elles augmentent de force & de ſaillie à meſure qu'elles s'en éloignent; c'eſt-à-dire qu'en bas le foible doit toujours être ſur le fort, & qu'en haut le fort doit toujours être ſur le foible. En effet comme dans la baſe les parties les plus baſſes ont le plus grand diamétre, il eſt naturel qu'elles aient auſſi plus de force, & que le contraire arrive dans le chapiteau, où ce ſont les parties les plus hautes qui ont le plus grand diamétre.

Par cette raiſon, la baſe attique mérite & aura toujours la préférence ſur toutes les autres baſes. Outre qu'elle fortifie très-convenablement le bas de la colonne, la diminution de ſes moulures & de leur ſaillies eſt telle qu'on peut la déſirer. Il n'en eſt pas de même de la baſe ionique, ou le fort eſt porté ſur le foible d'une maniere choquante, & de la baſe corinthienne ou le même défaut ſe trouve, quoique d'une maniere un peu moins ſenſible & moins révoltante.

Dans les baſes & dans les chapiteaux, on doit éviter la trop grande multiplication de moulure, qui dégénéreroit néceſſairement en petites parties, ce qui, en Architecture, eſt le défaut le plus contraire à la nobleſſe & au grand goût. Les baſes & les chapiteaux ne doivent jamais avoir plus de 3 ou 4 diviſions principales. A trois parties, diviſez la hauteur totale en 30, vous donnerez 11 à la plus forte, 10 à la ſuivante, & 9 à la plus

plus legére, ou 12 à la plus forte, 10 à celle qui suit, 8 à la derniere. A quatre parties, divisez pareillement la hauteur totale en 30. Vous donnerez à la plus forte 9, à la suivante, 8, à celle d'après 7, & à la plus legére 6. Ou bien la division en 32 parties vous donnera ce progrès un peu plus sensible 5, 7, 9, 11. N'augmentez pas d'avantage ces différences. Elles vous conduiroient à des parties trop petites, qu'il faut toujours soigneusement éviter.

Le chapiteau dorique est beau & fort, & n'a proprement que 3 parties, le gorgerin, l'ove & les annelets, & le tailloir avec son talon. Le chapiteau ionique est agréable, mais un peu foible, quand on l'exécute à la maniere antique. Il vaudroit beaucoup mieux, à ce que je crois, lui donner toujours un gorgerin qui comprît tout le diamétre de ses volutes. Cette augmentation est un degré de force dont il a besoin. Alors il a 4 parties, le gorgerin, l'ove, l'enroulement des volutes & le tailloir. Mais il y reste un grand défaut, c'est que pour comprendre tout le diamétre des volutes, il est nécessaire que le gorgerin ait une étendue contraire au principe qui veut, que dans les chapiteaux, les parties les plus près de la tige soient les plus foibles & les plus legeres. On passe ce défaut en faveur des volutes qui enrichissent ce chapiteau d'une maniere très-piquante. Ces volutes traitées à la maniere antique, ont de grands désavantages, quoiqu'on en dise. Le côté qui est taillé en balustre, a un bombement trop fort, & qui fait paroître le tailloir trop chétif. Ces volutes exécutées à la maniere des modernes, avec un tailloir échancré, dont les cornes viennent recouvrir le grand bombement de la volute, réussissent infiniment mieux. Le chapiteau corinthien est d'une grace & d'une élégance parfaite. Il a 4 parties qui augmentent en s'élevant, les petites feuilles, les grandes feuilles, les tigetes & le tailloir.

La base attique a 4 parties. Le plinthe, le grand tore, la scotie & le petit tore. Divisez sa hauteur totale en 32, vous aurez 5, 7, 9, 11, pour ces 4 parties. C'est la seule base qui ait été imaginée avec génie, & je conseillerai toujours de n'en point employer d'autre, excepté peut-être la base toscane, qui dans l'exécution de l'ordre dorique le plus mâle, peut être employée avec quelque succès. Elle n'a que deux parties, le plinthe & le tore. Divisez sa hauteur en 30, vous aurez 14 & 16 pour ces deux parties.

3°. L'entablement est composé de trois membres, l'architrave, la frise & la corniche. Comme ces parties vont en s'élevant & qu'elles sont employées en recouvrement, il est naturel qu'il y ait progrès entre-elles, que l'architrave soit moindre que la frise, & la frise moindre que la corniche. L'entablement a toujours 2 diamétres, & én divisant chaque diamétre en 60 minutes, l'entablement en a 120. La proportion la plus naturelle de ces trois parties sur cette hauteur donnée, est 30, 40, 50. On peut la varier beaucoup. Car on peut prendre 35, 40, 45; ou 32, 40, 48; ou 36, 40, 44, &c. Sans descendre au-dessous de 30 pour l'architrave qui deviendroit trop foible.

Dans l'ordre dorique il y a un peu plus de choix à faire que dans les deux autres, à cause de la division en triglifes & métopes. Les triglifes doivent imiter les gros soliveaux qui portent sur leur fort, & par conséquent être plus hauts que larges, au lieu que les métopes doivent toujours être quarrées. La ſubdiviſion de 30, 40, 50, convient très-bien à cet ordre, parce qu'alors le triglife ayant 30 de largeur & 40 de hauteur, ſa proportion ſera bonne. Elle ſeroit encore meilleure ſi ſur 30 de largeur il avoit 45 de hauteur. Si on ſuit cette proportion la corniche n'aura plus que 45, & paroîtra un peu plus foible. Mais comme il réſulte de cette proportion du triglife, une plus grande commodité pour bien eſpacer les colonnes, je crois qu'on doit la préférer. Si le triglife eſt à 45 de hauteur, un triglife & deux métopes donneront dans l'entre-colonnement 1 $\frac{1}{2}$ diamétre; 3 triglifes & 4 métopes, donneront 4 diamétres dans l'entre-colonnement. Au lieu que ſi le triglife eſt à 40 de hauteur, un triglife & 2 métopes donneront dans l'entre-colonnement 1 $\frac{1}{3}$ diamétre; 3 triglifes & 4 métopes donneront 3 $\frac{2}{3}$ diamétres, & les premiers eſpacemens ſont dans de meilleures proportions que les ſeconds, comme on l'a vu dans le Chapitre premier.

Des trois parties de l'entablement, la friſe eſt la ſeule qui ne ſe ſubdiviſe point en membres horiſontalement placés & progressifs les uns au-dessus des autres. L'architrave se subdivise quelquefois en 2 & 3 faces. Les proportions de ces faces seront faciles à trouver ; puisque l'architrave étant supposée de 30 minutes, pour la subdivision en 2 faces on aura 14 & 16, ou tout au plus 12 & 18, & pour la subdivision en 3 faces, on aura 9, 10, 11 ; ou 8, 10, 12 ; ou tout au plus 7, 10, 13.

La corniche ne doit être composée que de 3 ou 4 membres principaux. L'appui du larmier, le larmier & le couronnement du larmier, voilà les trois membres ordinaires. Les mutules ou les modillons sont un quatrieme membre que l'on sur-ajoute quelquefois. La corniche étant de 45 minutes, pour la subdivision en 3 membres on aura 10, 15, 20 ; ou 12, 15, 18, ou 14, 15, 16 ; pour la subdivision en 4 membres on aura 7, 10, 13, 15 ; ou 9, 10, 12, 14. La corniche étant de 50 minutes pour la subdivision en 3 membres on aura 14, 16, 20 ; ou 14, 17, 19 ; pour la subdivision en 4 membres on aura 5, 10, 15, 20 ; ou 5, 11, 15, 19 ; ou 6, 10, 14, 20 ; ou 6, 10, 15, 19.

Si quelqu'un des membres de la corniche doit être encore ſubdiviſé, il faut procéder ſelon la même méthode, en mettant le progrès du petit au grand, par le calcul le plus naturel & le plus ſimple.

4°. Les entre-colonnemens doivent avoir auſſi leurs proportions réglées d'après le diamétre de la colonne. Les belles proportions ſeront de 1, 2, 3, 4 diamétres. Les proportions moins belles ſeront de $\frac{1}{2}$, $1\frac{1}{2}$, $2\frac{1}{2}$, $3\frac{1}{2}$. Il faudra éviter les parties aliquotes plus petites, parce que la ſenſibilité du rapport diminueroit trop. On fait communément peu d'attention aux proportions des entre-colonnemens; on les eſpace à l'aventure, & c'eſt une des choſes qui contribue le plus à détruire l'effet de l'ordonnance. Elle ne ſera jamais plus belle, que lorſque les entre-colonnemens ſeront peu larges. Plus les colonnes ſeront ſerrées, plus il en réſultera de nobleſſe & de majeſté.

Les colonnes très-ſerrées augmentent la capacité apparente d'un vaiſſeau. Il en eſt d'elles comme des arbres mis fort près l'un de l'autre, aux deux côtés d'une allée. Ils la font paroître beaucoup plus longue que s'ils étoient à de grandes diſtances les uns des autres. C'eſt un effet d'optique très-certain. Sur une ligne donnée, plus l'œil apperçoit d'objets intermédiaires entre les deux bouts, plus il attribue de grandeur & d'étendue à l'eſpace. Ce n'eſt que par cette illuſion que l'on préſente aux yeux une vaſte ſcéne ſur le plus petit théâtre & dans le plus petit tableau. C'eſt donc en général un très-grand avantage dans les ordonnances d'Architecture, de tenir les colonnes très-ſerrées. Les Egliſes gothiques n'ont tant d'effet & n'annoncent une profondeur ſi frappante, que parce que leurs entre-colonnemens ſont très-étroits. L'Egliſe de ſaint Pierre de Rome, le plus vaſte de tous les vaiſſeaux, ne paroît avoir du premier abord, qu'une étendue très-ordinaire, ſon effet ne produit point l'étonnement auquel on s'attendoit. Ceux qui ne réfléchiſſent point, ſuppoſent que c'eſt-là une grande preuve de la perfection de ſon Architecture, & le réſultat des proportions les plus exactes. Tandis qu'au contraire on doit regarder comme un très-grand défaut, qu'un édifice pour lequel on a fait de ſi grands frais, ne produiſe pas un effet extraordinaire. L'Egliſe de S.

Pierre de Rome ne paroît point aussi grande qu'elle devroit paroître, parce que ses entre-colonnemens étant excessivement larges, l'œil ne trouve qu'un très-petit nombre de repos sur la longueur de la nef. Un connoisseur admirera dans cette Eglise la masse prodigieuse du bâtiment, la richesse des matériaux, les chefs-d'œuvres de peinture & de sculpture; mais il refusera sûrement son admiration à l'ouvrage de l'Architecte qui est rempli de défauts.

On les a imités trop long-temps ces défauts dans nos Eglises modernes. Aussi n'ont-elles jamais pu égaler l'effet de nos Eglises anciennes. L'Eglise de S. Sulpice est une Eglise immense en comparaison de celle de saint Germain l'Auxerrois. Que l'on mette en parallele les chœurs de ces deux Eglises. Celui de S. Sulpice ne fait point d'effet à cause de ses larges entre-colonnemens, de ses arcades & de ses pilastres; celui de saint Germain l'Auxerrois en fait beaucoup par la multitude de ses colonnes serrées les unes près des autres. Je cite un exemple peu avantageux; car les colonnes du chœur de saint Germair l'Auxerrois sont rabougries & sans proportion. Que feroit-ce si ces colonnes avoient leurs proportions véritables, & si au lieu de supporter de misérables arcades à tiers-point, elles étoient couronnées par un magnifique entablement? elles produiroient l'effet le plus auguste.

Que l'on considere les ronds-points de la plûpart de nos belles Eglises gothiques, on conviendra qu'ils font beaucoup d'effet, & qu'ils sont préférables à tous égards aux ronds-points de saint Sulpice, de saint Roch & de toute autre Eglise de même genre. Pourquoi cela? parce que dans les ronds-points des Eglises gothiques, les entre-colonnemens sont très-multipliés & les colonnes très-serrées. Que tant d'expériences nous déterminent à tenir pour maxime, que dans une ordonnance d'Architecture, plus les colonnes sont serrées, plus il en résulte d'effet.

5°. Les fenêtres & les portes doivent être proportionnées à l'ordonnance. Il est facile d'établir cette proportion, leur largeur étant donnée par celle de l'entre-colonnement.

Prenez cette largeur entre les deux bases des colonnes. S'il y a un petit socle au-dessous, le bandeau de la porte ou de la fenêtre l'arrazera. S'il n'y en a point vous laisserez entre la base & le bandeau l'intervalle qu'occuperoit le socle s'il y en avoit un. Cette opération vous donnera la largeur exacte que doit avoir la porte ou la fenêtre.

Toute porte ou fenêtre est composée d'une baye & de deux bandeaux. Subdivisez la largeur donnée ci-dessus en 12 parties pour l'ordre dorique, en 13 parties pour l'ordre ionique, & en 14 parties pour l'ordre corinthien. Deux de ces parties vous donneront la largeur du bandeau. Elle sera pour l'ordre dorique du quart de la baye, pour l'ordre ionique de $\frac{2}{9}$ ou d'un peu moins du quart, & pour l'ordre corinthien d'un cinquiéme. De cette maniere le progrès du plus mâle au plus svelte sera exactement observé.

La hauteur des portes & fenêtres ne peut excéder trois fois leur largeur par les principes établis dans le Chapitre premier. Cette hauteur doit être prise sur la largeur de la baye. Ainsi vous aurez un progrès de hauteur de 2 largeurs, $2\frac{1}{2}$ & 3 pour les trois ordres ; & dans les cas où la proportion de l'ordre étant exagérée, vous jugerez convenable d'exagérer un peu la hauteur des portes & des fenêtres, vous satisferez à cette bienséance en réglant la hauteur sur la largeur de la baye & des deux bandeaux, avec le progrès que nous venons de voir.

Les fenêtres peuvent être avec appui ou sans appui, & l'appui peut être avec balustrade ou sans balustrade. L'appui doit être toujours compris dans la hauteur de la fenêtre. Si cet appui est marqué par une balustrade, vous distinguerez les balustres suivant les différents caracteres des ordres, & vous pourrez faire descendre le bandeau j'usqu'au bas de l'entre-colonnement. Si l'appui est sans balustrade, vous le marquerez par une table unie de même relief que le bandeau, & vous appuyerez le bandeau sur cette table.

On voit sur beaucoup de façades & notamment à celle du Palais des Tuileries, le bandeau des fenêtres marqué par une maniere de piédestal, qui a sa base, son dé & sa corniche. Cette maniere est très-défectueuse. Elle ne sert qu'à augmenter le travail & à multiplier les parties sans nécessité. L'effet en est petit & bizarre.

On ne doit pas approuver non plus les fenêtres entourées d'un bandeau ſur leurs quatre côtés, quoiqu'on en trouve mille exemples dans nos bâtimens. Ces ſortes de fenêtres ſont comme des tableaux entourés d'une bordure. Elles préſentent l'idée d'un ouvrage qui ne porte ſur rien, apparence vicieuſe qu'on ne peut trop éviter. Il faut que la fenêtre ainſi que toutes les autres parties, annonce par ſa conſtruction, un ouvrage qui porte de fond.

C'eſt un grand défaut de charger le bandeau des fenêtres d'un grand nombre de moulures. Par-là on donne néceſſairement dans le petit. Deux ou trois moulures tout au plus, bien prononcées & bien reſſenties ſont préférables à tout le reſte. Il eſt rare que ces bandeaux aient aſſez de force pour pouvoir être ſubdiviſés en plus de deux faces. On auroit tort de s'aſtreindre toujours à imiter dans les bandeaux, les profils uſités pour les architraves des arcades, profils qui ne ſont eux-mêmes que l'imitation des archivoltes de l'ordre. Comme on doit toujours viſer à l'effet & éviter les petites parties, on ne doit point balancer à compoſer les bandeaux des portes & des fenêtres dans un goût différent, & de maniere à en rendre les parties très-ſenſibles.

S'il y a pluſieurs étages dans un même entre-colonnement, les fenêtres ſupérieures diminueront de hauteur dans la même proportion que les étages ; & il faudra que tous les bandeaux & tous les appuis ne compoſent qu'une ſeule maſſe perpendiculaire. Dans l'entre-deux des étages & au-deſſus de la fenêtre la plus haute, on pourra tailler quelqu'ornement de ſculpture, comme des guirlandes, des palmes, des cordons de feuilles &c. Pourvû que ces ornemens ſoient forts & reſſentis, & qu'on ne les multiplie pas trop, ils enrichiront l'ouvrage ſans le ſurcharger.

Si l'on met au-deſſus de chaque fenêtre une corniche, ou un fronton, comme on ne l'a fait que trop ſouvent, on commet un contre-ſens très-répréhenſible. Pourquoi une corniche, pourquoi un fronton ? Les fenêtres ſont à couvert ſous l'entablement. Quelle néceſſité, quelle abſurdité d'introduire ſous cette grande partie qui doit couvrir le tout, de petites couvertures accidentelles ſur les parties de détail ? Pourquoi présenter l'apparence d'un petit toît sous un grand toît ?

J'ai dit que les fenêtres & les portes doivent occuper toute la largeur de l'entre-colonnement, prise au pied des bases. On voit beaucoup d'exemples du contraire, & notamment aux façades des gros pavillons des Tuileries. C'est une preuve que l'Architecte a mal combiné son ordonnance, qu'il a ignoré les loix de l'harmonie & de la liaison, & que les entre-colonnemens sont trop larges. Dans une ordonnance bien faite, il ne doit rien y avoir de superflu. Le grand espace qui reste entre le bandeau des fenêtres & la base des colonnes est un superflu, qu'on auroit dû retrancher, & qui certainement fait un très-mauvais effet.

Les entre-colonnemens des péristiles peuvent être quelquesfois si étroits, qu'ils ne laissent pas assez de largeur pour une porte suffisante. Alors on pourroit imiter le procédé des anciens, qui sans toucher aux colonnes de devant supprimoient dans l'enfoncement du péristile deux colonnes, & avoient ainsi assez de largeur pour la grande porte. Ils aimoient mieux prendre ce parti, que de diminuer en face l'âpreté des entre-colonnemens. Ce procédé a moins d'inconvéniens que tous les autres. Il sauve de grands embarras. On doit donc en user hardiment.

Si un Architecte prenoit toujours bien ses dimensions, il ne se trouveroit jamais dans le cas d'avoir sur une façade des entre-colonnemens surnuméraires où il ne peut figurer ni porte ni fenêtre, comme il s'en trouve aux pavillons qui flanquent les deux nouvelles façades de la place de Louis XV. Si malheureusement il se jette dans cette nécessité, il doit du moins laisser ces entre-colonnemens tout unis, & n'y présenter qu'un fond lisse. Les orner de petites niches comme on l'a pratiqué aux pavillons dont je parle & dans beaucoup d'autres endroits, c'est la plus petite & la plus fausse de toutes les idées.

Parmi les bâtimens destinés à l'habitation, il en est peu, où l'on puisse faire usage des colonnes sans s'exposer a de grandes incommodités. Alors après avoir composé les portes & les fenêtres, comme si les colonnes y étoient, on n'aura qu'à retrancher les colonnes, & laisser uni l'eſpace qu'elles devoient occuper. Cet eſpace ſera celui des trumeaux. Il vaut mieux en uſer de la ſorte que de marquer les étages par un cours de plinthes. Cette ſéparation diminue l'effet de l'aplomb qu'on ne peut rendre trop ſenſible, parce qu'il eſt beau & frappant. Je ſçai qu'il faut qu'un mur diminue d'épaiſſeur en s'élevant; mais rien n'empêche de pratiquer cette diminution ſur les façades, comme on pratique la diminution des colonnes. Les plinthes qui tranchent ſur la hauteur ſont toujours défectueuſes. Les plus inſoutenables de toutes ſont celles qui tranchent ſur le fût de la colonne.

Lorſqu'une façade n'a que des portes & des fenêtres, on doit diſtribuer les choſes de maniere qu'il y ait autant de vuide que de plein. La ſolidité le veut ainſi. Pendant long-temps nos Architectes ont donné dans l'abus de faire les fenêtres très-larges, & les trumeaux très-étroits. Outre que cette maniere laiſſe l'intérieur des appartemens expoſé à toute l'incommodité des ſaiſons, il en réſulte une conſtruction ſi foible, qu'elle ne peut être admiſe que par ceux qui ont intérêt au peu de durée des bâtimens.

Les formes des fenêtres ont été extrêmement bizarres parmi nous. On en revient. Les fenêtres bombées & celles en œil de bœuf, ne se voyent plus qu'aux édifices bâtis depuis plusieurs années. On pratique encore, quoique plus rarement, les portes & fenêtres en plein ceintre. Cependant pour peu qu'on veuille y faire attention, on reconnoîtra, que l'espace contenu dans les entre-colonnemens étant toujours quarré, il est contre l'ordre des choses d'y introduire des formes qui ne soient pas quarrées. Une fenêtre ou une porte ceintrée dans un entre-colonnement quarré, ne remplit point tout l'espace de cet entre-colonnement. Elle laisse des deux côtés du ceintre des intervalles superflus & irréguliers. Le jour dans l'intérieur de l'appartement est diminué d'autant. Quand je dis une porte & une fenêtre, la même chose est censée dite de toute la masse perpendiculaire, formée par les portes & les fenêtres d'un étage à l'autre. Cette masse est toujours la représentation de l'entre-colonnement, comme la masse des trumeaux d'un étage à l'autre est la représentation des colonnes. Les portes & fenêtres ceintrées ne doivent avoir lieu que lorſqu'elles ſont placées ſous le ceintre d'une voute. L'analogie & l'harmonie veulent la ligne droite ſous la ligne droite & la ligne courbe ſous la ligne courbe.

Il y a quelquefois des façades très-hautes, où les ouvertures ne ſont obligées que dans une partie de la hauteur. Les façades extérieures d'une Egliſe peuvent être dans le cas. Alors il ne faut pas s'en tenir uniquement à ce qui eſt obligé. Il faut exécuter autant de fenêtres & d'ouvertures feintes, que ſi la néceſſité ou la commodité en exigeoient pluſieurs rangs les uns au-deſſus des autres, & former ſur ces façades des maſſes où ces ouvertures vraies & feintes ſe trouvent placées naturellement & d'un parfait accord entre-elles. Les façades extérieures de la nouvelle Egliſe de ſainte Geneviéve pécheront par cet endroit. Ce ſeront des murs percés au milieu de leur hauteur d'un ſeul rang de fenêtres. Il y aura un très-grand eſpace depuis le ſocle juſqu'à la tablette des fenêtres, & depuis leur traverſe ſupérieure juſqu'à l'entablement. Cette diſpoſition fera certainement un très-mauvais effet. Les deux grands eſpaces dont je parle, n'offrifont aucune idée à l'esprit, & par conséquent paroîtront d'une superfluité vicieuse. En pareil cas il vaut mieux figurer deux grands étages de fenêtres, & les raccorder par des bandeaux & par des tables simples.

6°. Les proportions des frontons sont moins embarrassantes que celles des autres parties. Tout se borne à déterminer l'ouverture de l'angle formé par leurs deux rampans. Si le fronton avoit été imaginé dans les climats froids ou l'abondance des neiges a introduit l'usage des toîts hauts & aigus, leurs proportions seroient comme on les voit dans les édifices gothiques. Mais l'Architecture Greque a pris naissance dans un climat chaud, où les toîts sont bas & écrasés; de-là vient que l'angle formé par les deux rampans est nécessairement obtus. On peut le fixer à 130 degrés. Il est alors suffisamment obtus & ne l'est point trop. On peut le diminuer à 120 & l'augmenter à 140 suivant le degré d'élévation où le fronton est placé. Plus le fronton est élevé, moins son angle doit être obtus; parce que plus il y a d'élévation, plus la saillie de l'entablement empiéte sur le nud du timpan.

Nos Architectes ont eu la manie des frontons. Ils en mettoient par-tout sans sçavoir pourquoi ni comment. Ils sont bien placés sur le portail d'une Eglise, ou sur la face d'un pavillon. Par-tout ailleurs ils sont presque toujours déplacés. On est devenu plus circonspect depuis quelques années, & les frontons ne sont plus tout-à-fait tant à la mode. Cependant on a encore beaucoup de peine à renoncer à cette vieille habitude. Sur les deux nouvelles façades de la place de Louis XV, on retrouve quatre frontons. Certainement l'Architecte a crû les justifier, en figurant aux deux bouts de chaque façade des pavillons en avant-corps. Mais on ne voit pas trop pourquoi le toît n'étant pas nécessaire sur les deux péristiles, il le devient sur les quatre pavillons. Deplus ces pavillons vus de face, annoncent par leur fronton qu'ils sont couverts par un toît à deux rampans. Cependant si je les examine par les côtés, la balustrade qui surmonte l'entablement me prouve qu'ils sont couverts en terrasse comme tout le reste. Voilà une contradiction sensible. Comment ne l'a-t'on pas apperçue? Pour sauver la contradiction, il faudroit que ſur les côtés de ces pavillons, vus de la rue Royale, on eût apperçu le rampant d'un toît. J'avoue que cet objet n'auroit pas été trop d'accord avec le reſte, & n'auroit pas fait un bon effet. Mais je conclus de-là qu'il ne falloit point de fronton; parce qu'enfin ſi l'on raiſonne juſte & ſi l'on veut agir conſéquemment, le fronton ne ſera jamais employé que comme une maniere de maſquer agréablement le pignon du toît qui eſt derriere; & lorſqu'il n'y aura point de toît derriere, on ne mettra point de fronton.

7°. Les ſtatues peuvent être placées très-avantageuſement dans une ordonnance d'Architecture, & elles doivent être proportionnées au diamétre de la colonne. Cette proportion eſt difficile à trouver par un raiſonnement bien juſte. Il y a dans les ſtatues trois ſortes de grandeurs, la grandeur comme nature, la grandeur au-deſſous du naturel, & la grandeur au-deſſus. De ces trois grandeurs la ſeconde doit être exclue de toutes les compoſitions Architectoniques; parce que les bâtimens que nous conſtruiſons n'étant point faits pour ſervir d'habitation à des pigmées, il n'eſt pas raiſonnable d'y introduire des ſtatues d'une grandeur inférieure à celle que la nature nous a donnée. Ces petites ſtatues doivent être réſervées pour l'intérieur des cabinets & des chambres ſans ordre d'Architecture, où le champ étant moins étendu les petites figures peuvent être admiſes & réuſſir.

Il n'y a donc que les ſtatues grandes comme nature ou d'une grandeur au-deſſus du naturel qui puiſſent entrer dans une compoſition ou l'ordre d'Architecture eſt apparent, dans celles même où il eſt ſuppoſé. La grandeur comme nature peut être fixée à 6 pieds. Cette grandeur ne ſera point trop forte dans un entre-colonnement haut de 18 pieds, elle ſera ſuffiſante dans un entre-colonnement haut de 24; parce que comme la tête de l'homme ne doit pas toucher au plancher, qu'il convient même que la maſſe d'air qui eſt au-deſſus de ſa tête ſoit beaucoup plus forte que celle dans laquelle il nage, les bonnes proportions nous méneront au moins à rendre cette maſſe double de la hauteur de la ſtatue. Ainſi quand la ſtatue aura le tiers de la colonne elle ne ſera point trop haute. On pourra la réduire au quart, belle proportion qui ſuit immédiatement celle du tiers. Si l'on va au-deſſous on affoiblira trop.

Les ſtatues, ou ſimples ou en groupes, ne doivent être placées que dans les entre-colonnemens où il n'y a ni portes ni fenêtres. Il eſt inutile de leur creuſer une niche dans l'épaiſſeur du mur. Cete niche, ſi elle porte de fond, eſt une vraie arcade dont l'archivolte ne peut être d'accord avec la plate-bande de l'architrave. Si la niche ne porte pas de fond, c'eſt une fenêtre en tour creuſe, ou plutôt on ne ſçait ce que c'eſt, & elle a au pardeſſus l'inconvénient de l'archivolte ceintrée. Il faut donc que la ſtatue ou le groupe ſoient élevés ſur un piédeſtal, & que le nud du mur lui ſerve de fond. On peut au-deſſus de la ſtatue tailler ſur le nud du mur quelqu'ornement de ſculpture ſimple & de grand goût; mais on doit éviter d'y profiler des moulures, à moins que ce ne ſoit pour orner la bordure de quelque tableau en bas-relief. Le mur derriere la ſtatue doit être liſſe, afin qu'aucun acceſſoire ne trouble l'effet de la ſtatue ou du groupe.

Le piédeſtal ſous la ſtatue ſeroit trop haut s'il en étoit la moitié. Il n'en doit être au plus que le tiers ou le quart. Ce piédestal doit avoir le dé assez large pour que la statue ou le groupe y trouvent un embasement suffisant. On peut donner à ce piédestal une base proportionnée, pourvû que l'alignement des moulures de cette base s'accorde avec les moulures de la base de la colonne. On ne doit jamais lui donner de corniche ; parce que la saillie de cette corniche trancheroit sur le fût de la colonne ; & qu'on doit éviter toutes les interruptions qui altérent l'effet de l'applomb.

Les statues guindées dans des niches, couchées sur des archivoltes d'arcades, ou sur les rampans d'un fronton, perchées sur les accroters d'une balustrade qui efface le toît, sont dans la position la moins naturelle & la plus absurde. On croît embellir l'ouvrage par cette richesse déplacée. On le dégrade, & on en fait un ouvrage de mauvais goût. N'est-il pas contre nature que des figures se trouvent là où jamais homme ne peut se trouver sans faire craindre pour sa vie ? L'extrados d'une voute, le rampant d'un toît, la pointe la plus élevée d'un bâtiment, sont-ce-là des positions où un homme puisse paroître ? Dira-t'on qu'il est tout aussi

aussi contre nature, qu'une statue soit montée sur un piédestal? On auroit tort. Il n'est point contre nature qu'un homme principal soit élevé de quelques dégrés au-dessus des autres. Or une statue est toujours censée la représentation d'un homme principal. De plus la nécessité oblige d'élever une statue au-dessus du pavé, afin qu'elle ne soit pas exposée à des frottemens capables de la déformer.

Les statues perchées sur les portails de tant d'Eglises, sur les balustrades supérieures de plusieurs colonnades comme à saint Pierre de Rome, sur les archivoltes, sur les frontons, sont donc toutes contre nature. Il y a même un autre inconvénient. Placées à ces hauteurs exorbitantes, pour que l'on puisse en distinguer les traits, on est obligé de leur donner une proportion des plus gigantesques. Qu'arive-t'il de-là? Du point de vue ces statues paroissent de grandeur naturelle. L'œil parconséquent les juge beaucoup plus près qu'elles ne sont. Il en résulte donc un effet qui abrege les distances & qui diminue les élévations; & la grandeur de l'ouvrage en souffre. C'est une des choses qui, à saint Pierre de Rome, empêche qu'on ne soit frappé de l'immensité du vaisseau. Sur chaque archivolte il y a de grandes figures. Quand on entre, ces figures ne paroissent pas excéder beaucoup la grandeur naturelle. Il en résulte involontairement un sentiment de proximité, qui affoiblit celui des distances; & le plus vaste de tous les vaisseaux ne paroît que d'une grandeur ordinaire.

Les statues que l'on destine à l'embellissement des places publiques, doivent être proportionnées à la grandeur de ces places, & au point de vue du spectateur supposé dans l'endroit de la place le plus éloigné. Si de ce point de vue la statue paroît de grandeur naturelle, elle sera suffisamment grande, si elle paroît d'une moitié & même d'un tiers au-dessus de la grandeur naturelle, elle le sera trop. La statue de Louis le Grand, dans la place de Vendôme, est beaucoup trop forte par cette raison. Celle de Louis XV, dans la nouvelle place, est, quoiqu'on en puisse dire, d'une très-belle proportion. En circulant autour des balustrades qui dessinent le contour de cette place, on la voit toujours d'une grandeur très-approchante du naturel, & comme elle est d'ailleurs d'un bien plus beau dessein que tous les autres, elle produit un effet qui enchante.

Sa poſition, il eſt vrai, l'expoſe à être vue de beaucoup d'endroits, qui ſont à de très-grandes diſtances. Mais comme de pluſieurs de ces endroits on voit la ſtatue deſſinée dans le vuide des airs, ſon effet demeure ſenſible malgré l'éloignement. Depuis qu'elle eſt placée, les proportions du mercure & de la renommée qui ſont aux deux côtés du pont tournant, ont commencé à paroître trop foibles; & le ſpectateur qui paſſe du jardin des Tuileries ſur la place, ne voit plus ſous ces figures que deux très-petits poulains, en les comparant au grand cheval de la ſtatue.

Les piédeſtaux des ſtatues, iſolées au milieu d'une place, doivent être beaucoup plus élevés que ceux des ſtatues que l'on met dans un entrecolonnement, parce que les premieres ont le ciel au-deſſus d'elles, & un très-grand vuide de tous les côtés. Ces piédeſtaux ne feront point trop élevés, s'ils ont la même hauteur que la ſtatue. Ils le feront aſſez s'ils ont les deux tiers, & ils le feront trop peu, s'ils ont moins de la moitié de cette hauteur. Si l'on groupe des figures autour de ces piédeſtaux, leurs proportions doivent être d'accord avec celles de la ſtatue; & il ne doit y avoir d'autre différence que celle qui réſulte du moindre dégré d'élévation auquel elles ſont vues. Les eſclaves enchaînés au piédeſtal de la ſtatue d'Henry IV, ſont d'une proportion trop foible. Ceux de la place des Victoires ſont d'une bien meilleure proportion, ainſi que les figures du piédeſtal de la ſtatue de Louis XV.

L'idée de la plûpart de ces figures n'eſt point heureuſe. Il eſt fâcheux que des Rois dont on ne devroit immortaliſer que la bien-faiſance, ſoient repréſentés, foulant aux pieds les peuples vaincus. On a beaucoup mieux fait d'accompagner la ſtatue de Louis XV, de figures propres à nous retracer les vertus qui font la gloire & le bonheur de ſon regne. Cependant la poſition de ces figures en maniere de cariatides n'eſt ni avantageuſe ni dans la bien-ſéance. J'aurois préféré de les grouper ſur les deux côtés du piédeſtal. Le ſculpteur auroit eu un plus beau champ pour inventer ſon ſujet avec nobleſſe. Les vertus auroient paru dans un état de liberté & de repos. Les groupes même auroient augmenté l'effet pyramidal du monument, en donnant plus d'empâtement à ſa baſe.

SECONDE PARTIE.

Des inconvéniens des ordres d'Architecture.

L'INVENTION des trois ordres grecs eſt un effort de génie, dont l'exemple eſt unique dans les Arts. Pour toutes les choſes où l'homme peut exercer ſon eſprit créateur, il a paru en différents ſiécles des inventions que l'on peut comparer les unes avec les autres, & ſouvent les modernes l'ont emporté ſur les anciens. La ſeule Architecture ſe trouve bornée à ce que les Grecs avoient imaginé. Rien dans toutes les parties de ce bel Art qui ne ſoit de leur invention; & depuis tant de ſiécles il n'a été donné à perſonne d'inventer, je ne dis pas un ordre entier, mais une moulure & un ornement dont ils n'aient pas fourni le modéle.

Ces trois ordres précieux furent enſévelis par les ſauvages conquérants du

Nord, ſous des monceaux de ruines & de cendres. Mais au premier rayon de lumiere qui diſſipa les ténébres de la Barbarie, on les vit renaître avec tous les autres Arts. Philippe Brunelleſchi Florentin, trop peu connu, eſt celui à qui nous avons la premiere obligation de cette renaiſſance. Sculpteur médiocre, l'ambition de ſe faire un nom, ou plutôt un de ces attraits dominants qui décélent le génie, le conduiſit à Rome pour en examiner les fameuſes antiquités. Saiſi, tranſporté, hors de lui-même, à la vue de ces ruines majeſtueuſes, il en combina laborieuſement les rapports. Cette étude intéreſſante l'occupoit tout entier. Il ne voyoit que les ſquelettes de ces grands corps. Son imagination ſuppléoit tout le reſte. Il ſe fit une heureuſe habitude de juger des bâtimens entiers par leurs moindres fragments. Il retourna à Florence pour faire part à ſes concitoyens de ſes découvertes. Elles eurent le ſort de la plûpart des heureuſes nouveautés que l'on contredit d'abord, que l'on diſcute enſuite, & que l'on adopte enfin. Ce grand homme fraya la voie aux Brumantes & aux Michel-Anges. Il mourut à Florence le 16 Avril 1446;

& on mit ſur ſon tombeau cet épitaphe. *Philippo Brunelleſcho antiquæ Architecturæ Inſtauratori S. P. Q. F. civi ſuo bene merenti.*

L'idée des ordres dorique, ionique & corinthien, répandue dans les atteliers, produiſit une révolution que l'entouſiaſme des artiſtes rendit très prompte. On copia avec avidité les formes & les proportions des monumens anciens. L'imagination de l'homme à talent, échauffée par la grandeur de leur effet, produiſit d'abord des copies aſſez reſſemblantes. La cohue des artiſtes ſuivit. On eut la copie de la copie. Cette premiere imitation imparfaite, fut répétée & altérée tant de fois, que les derniers ouvrages ne conſerverent avec le premier modéle d'autre rapport que celui qu'on apperçoit entre les eſpéces qui ont le plus dégénéré, & l'eſpéce originale & primitive.

De temps en temps on vit des génies plus heureux, s'élever au-deſſus des habitudes & des routines des gens de l'Art, & produire par ſentiment des chefs-d'œuvres. Mais ou ces nouveaux modéles furent négligés, ou il en réſulta une foule de mauvaiſes copies.

C'est ainsi qu'après avoir vû, sous Catherine de Médicis, un Philibert de Lorme bâtir le Palais des Tuileries, sous Marie de Médicis, un de Brosse bâtir le Luxembourg & le portail de S. Gervais, sous Louis XIV, un Blondel imaginer la porte S. Denis, un Perrault inventer la colonnade du Louvre, un Mansard donner les desseins du dôme des Invalides & de la Chapelle de Versailles; nous avons vû dans les intervalles une multitude d'Architectes sans génie, se signaler par toute sorte de productions bizarres & monstrueuses.

Ce n'est que de nos jours que la science de l'Architecture antique a été véritablement approfondie, & qu'on en a établi les régles avec assez de précision pour que l'Artiste puisse travailler sans incertitude & être jugé sûrement.

Les ordres grecs ont de grands avantages; mais ils ont aussi de grands inconvéniens. On a beaucoup insisté sur les premiers, & on ne connoit pas assez les seconds.

CHAPITRE PREMIER.

Inconvéniens des ordres d'Architecture dans les dehors des bâtimens.

Les ordres grecs ont été principalement imaginés pour décorer les façades extérieures des édifices. C'eſt auſſi dans les dehors qu'ils ont leur plus grand effet. Les colonnes & l'entablement y ſont placés avec la convenance la plus parfaite. L'architrave déſigne la poutre qui ſoutient le plancher. La friſe marque l'intervalle occupé par les ſolives. La corniche repréſente l'avance du toît. La ſaillie de ſon larmier eſt imaginée tout exprès pour mettre la façade à l'abri des eaux pluviales. La doucine qui termine le larmier, eſt une maniere très-agréable de raccorder l'égoût du toît avec tout le reſte.

Non-ſeulement le but des ordres grecs n'eſt parfaitement rempli que dans les dehors des bâtimens ; mais ils ne produiſent leur plus bel effet, que lorſqu'une façade eſt décorée par un ſeul de ces ordres. Les ordonnances d'Architecture, à plusieurs étages, ont de grands inconvéniens.

1°. On ne peut sans blesser toutes les convenances, mettre l'entablement entier dans les étages inférieurs ; parce que la corniche dans son institution primitive, n'étant qu'une maniere de supporter & d'effacer l'avance nécessaire du toît, mettre la corniche dans l'étage d'en bas, c'est présenter l'idée du toît là où elle n'est point admissible.

2°. Comme les raisons de solidité exigent une vraie diminution dans les étages d'en-haut, & que le diamétre des colonnes supérieures doit être moindre que celui des colonnes de dessous, il résulte de là que l'entablement le plus près du toît a moins de force & de saillie que l'entablement qui couronne le premier étage. il n'a donc point alors son véritable effet, qui est d'écarter assez la chute des eaux pour que la façade soit parfaitement à l'abri de leur ravage. Il est certain que c'est vers le toît que doit être la plus grande saillie des corniches, & que cette convenance essentielle n'est jamais remplie dans une ordonnance à deux étages d'Architecture.

On ne peut ſauver ces inconvéniens qu'en retranchant toute corniche des étages inférieurs, & en exagérant la force & la ſaillie de la corniche la plus haute. Si la ſolidité de l'ouvrage exige qu'on conſerve entre les deux étages toute l'épaiſſeur du premier entablement ; ne pourroit-on pas au lieu d'y marquer architrave, friſe & corniche, réduire ces trois parties en un ſeul membre uni, couronné d'un fort cavet où d'un fort talon, avec leur liſtel proportionné ? Ce membre uni ſeroit ſuſceptible de tous les ornemens qui conviennent en pareils cas, comme guillochis, poſtes ſimples ou fleuronnés, rainceaux de feuillages &c. Ce procédé éviteroit un des plus grands inconvéniens de l'entablement des ordres les uns au-deſſus des autres, je veux dire l'énorme ſaillie des corniches intermédiaires : ſaillie qui tranche ſur l'aplomb d'une maniere déſagréable, ſaillie qui rompt l'union & l'harmonie de l'enſemble, ſaillie qui oblige de guinder les colonnes ſupérieures ſur des ſocles dont la grande élévation rend l'ouvrage lourd, ſaillie enfin qui expoſe, quoi qu'on faſſe, à voir les eaux tomber, ſéjourner & faire des ravages ſur les entablemens.

Ce que je propoſe eſt une nouveauté, j'en conviens. On m'objectera qu'envain j'en chercherois des exemples dans les meilleurs monumens de l'antiquité, & même dans les ouvrages modernes. Hé! qu'importe que ce ſoit une nouveauté, pourvu qu'elle ſoit raiſonnable. Les inconvéniens de l'uſage établi ſont prouvés. L'effet de la nonveauté que je propoſe, n'auroit contre lui que l'empire aveugle du préjugé & de l'habitude. Qu'on oſe l'eſſayer, & on trouvera, ſi je ne me trompe, l'enſemble beaucoup mieux aſſorti, les choſes beaucoup plus dans la nature, & la diſpoſition beaucoup plus vraie.

Il n'eſt point à craindre que l'ordre ſupérieur ne trouve pas aſſez de baſe ſur l'eſpéce de faux entablement que je propoſe. On ſçait qu'à l'étage d'en-haut il faut un ordre d'une proportion plus ſvelte. Ainſi en donnant à la colonne d'en-bas la proportion la plus forte, & à la colonne d'en-haut la proportion la plus légére, il y aura ſur le faux entablement aſſez de baſe pour que le ſocle des colonnes ſupérieures ne déborde pas & ne vienne pas même à fleur.

Il ne ſuffit pas de retrancher des entablemens inférieurs toute apparence de corniche, il faut que les membres de l'entablement le plus haut aient plus de force que tous les autres, & que la ſaillie de ſa corniche ſoit déterminée par un aplomb tiré de la pointe de ſa doucine, qui tombe un pied en avant du ſocle le plus bas ; en ſorte que toute la façade ſe trouve à couvert ſous cette grande ſaillie. Il eſt certain que les forts entablemens dont un édifice eſt couronné, ont tout une autre grace que ces moulures foibles & peu ſaillantes qui terminent preſque toutes nos façades.

J'avoue que cette exagération des membres & des ſaillies de l'entablement ſupérieur, eſt contre les régles ordinaires. Mais il faut aller au but de l'Art. Les régles n'ont été établies & ne ſont juſtes que dans la ſuppoſition d'un ſeul ordre d'Architecture. Nous en voulons deux, dès lors les régles primitives ſe trouvent fauſſes & c'eſt à nous d'y ſuppléer.

D'ailleurs comme les objets diminuent à la vue à meſure qu'ils s'élévent, l'entablement ſupérieur eſt ſuſceptible d'une exagération, qui, quoique réellement vicieuſe, n'aura aucune irrégularité apparente. Il s'agit moins ici de ce que les choſes ſont que de ce qu'elles paroiſſent être. Voyez la différence que produit un même angle de viſion à différents dégrés de hauteur, & vous comprendrez qu'il eſt poſſible d'exagérer l'entablement ſupérieur ſans qu'il paroiſſe exceſſif.

Au reſte s'il eſt abſolument impoſſible de conſerver une apparence réguliere avec l'exagération de ſaillie néceſſaire, pour que l'entablement ſupérieur couvre tout l'ouvrage d'en-bas, il faut dans les édifices ordinaires, renoncer à entaſſer les ordres les uns au-deſſus des autres, & réſerver cet entaſſement pour les bâtimens pyramidaux comme les tours. Ces ſortes d'édifices n'ont point de toît. Leur caractere eſt d'avoir en s'élevant une diminution de maſſe très-ſenſible, & des retraites très-marquées. Mais dans ces édifices même je ne voudrois que de faux entablemens, pour éviter la repréſentation de toît là où elle ne doit pas être, & de peur que la ſaillie très-marquée d'un entablement vrai ne tranchât ſur l'aplomp : défaut qu'on ne peut éviter avec trop de ſoin.

J'ai déjà dit plus haut, qu'il n'y a que les très-grands édifices où l'on puiſſe employer avec quelque ſuccès pluſieurs étages d'Architecture. Il faut pour cela qu'un bâtiment ait une hauteur démeſurée. Au Louvre on a fait la faute de décorer les facades qui donnent ſur la cour, de trois étages d'Architecture. Qu'en réſulte-t'il ? Les colonnes du rès-de-chauſſée ſont d'un diamétre médiocre. Celles du premier étage ſont des bâtons, & celles du ſecond deviennent des fuſeaux. Les trois entablemens vont en s'amoindriſant, & le plus haut eſt d'une petiteſſe choquante. C'eſt un amas de petites parties imperceptibles la plûpart, & parconſéquent ſans nobleſſe. C'eſt un travail immenſe de ſculpture & un ouvrage de petit goût. Le contraſte des façades du dehors avec celles du dedans, offre un paſſage trop rapide du grand au petit. Quand on arrive à la grande porte du Louvre, vis-à-vis ſaint Germain l'Auxerrois, on croit voir un Palais de l'ancienne Rome. Quand on eſt entré dans la cour, on retrouve presque l'état des choses telles qu'elles furent 12 siécles après Vitruve.

Dans les édifices de hauteur ordinaire, il est donc beaucoup mieux de n'employer qu'un seul ordre d'Architecture avec deux étages de fenêtres au plus, en évitant de séparer les étages par des plinthes qui tranchent sur le fût de la colonne, & en raccordant les bandeaux & les appuis des fenêtres, de maniere que leur masse tende principalement à faire ressentir la direction perpendiculaire ou le *portement* de fond.

A la façade du Palais des Tuileries, on voit les deux sistêmes bizarrement réunis. Le pavillon du milieu présente trois étages d'Architecture. Les gros pavillons sur-ajoutés n'en ont qu'un seul. L'Architecture du premier est sensiblement mieux traitée que celle des seconds. Cependant ceux-ci avec tous leurs défauts font un effet incomparablement plus grand.

L'Architecte qui a donné les plans de la maison de M. de Chavanes, au coin de la porte du Temple, a montré au public qu'on peut dans un petit espace exécuter les choses en grand. Si au lieu de pilastres il avoit mis des colonnes. Si le denticule de la corniche n'étoit pas à bâtons rompus ; si le même ornement n'étoit pas répété sur la plinthe qui sépare les étages ; si cette plinthe étoit supprimée, si les bandeaux des fenêtres d'en-haut étoient raccordés avec ceux des fenêtres d'en-bas, ce morceau seroit cité comme un modéle. Tel qu'il est il prouve le mérite de son Auteur, & annonce de sa part un génie fait pour aller au grand.

Après ce que je viens de dire, comprendra-t'on la manie de certains Architectes de nos jours, qui s'avisent de placer à un second ou à un troisiéme étage un entablement postiche, & qui continuent d'élever leur bâtiment d'un étage ou deux, pour mettre enfin sous le toît un avorton de corniche, qui paroîtroit foible au haut du lambris d'une piéce d'appartement. Il y a dans Paris plusieurs nouvelles maisons où l'on apperçoit cette bizarrerie révoltante. Et pourquoi n'avons-nous pas une police sur les bâtimens, qui empêche la cohue des bâtisseurs de deshonorer nos Arts aux yeux de l'étranger & de la postérité ?

CHAPITRE II.

Inconvéniens des ordres d'Architecture dans les dehors relativement à notre climat & à nos usages.

LES ordres d'Architecture ont été inventés dans des climats chauds. Dans ces sortes de climats, rien n'est plus commode que les portiques, qui empêchent le soleil de darder ses rayons dans l'intérieur de l'appartement, y entretiennent une fraîcheur salutaire, & qui donnent la facilité de trouver sans sortir de chez-soi une promenade, où l'on respire à l'ombre le grand air. Les ordres grecs sont faits pour procurer cette commodité. Employés en péristile sur la façade d'un bâtiment, ils lui donnent un caractere majestueux, qu'aucune autre composition Architectonique ne peut remplacer ; & ils entretiennent l'ombre & la fraîcheur tout-au-tour de l'habitation.

Notre climat ne nous met pas dans

le cas de recourir à de pareilles ressources. Le soleil nous favorise si rarement de ses rayons. Un atmosphére nébuleux nous laisse dans le courant de l'année si peu de jours sereins, que dans bien des saisons il nous seroit très-incommode, d'intercepter le peu de chaleur & de lumiere, qui peut pénétrer du dehors dans l'intérieur de nos appartemens. Ainsi les péristiles autour de nos habitations auroient pour nous moins d'avantage que de désagrément. Ils peuvent tout au plus nous être de quelque utilité dans les portiques d'entrée, dans les galeries ou corridors de communication ; & ces parties sont rarement d'assez grande conséquence pour les décorer si magnifiquement.

Tout ce que notre climat peut comporter, c'est de retenir une foible apparence des péristiles grecs, en engageant des colonnes sur les façades de nos maisons. Il faut même les engager beaucoup, pour qu'elles ne nous ôtent pas le plaisir des vues, plaisir auquel nous sommes très-sensibles. Or les colonnes trop engagées perdent toutes leurs graces. On leur substitue les pilastres, & on n'en fait pas mieux. A tout prendre on verra, que l'entablement est la seule partie des ordres grecs dont nous puissions faire usage sur les façades de nos bâtimens destinés à l'habitation.

Les deux grands corps de bâtiment qui servent de fond à la nouvelle place de Louis XV, prouvent l'inconvénient des péristiles à notre égard. Tout le monde prévoit l'incommodité & le désagrément d'un appartement reculé dans le renfoncement de ces colonnades. La décoration a de l'éclat ; mais elle est peu propre à un lieu qu'on doit habiter. Si on prend le parti de tourner l'appartement sur les cours qui seront derriere ; on perd l'exposition au midi & les vues les plus délicieuses ; & c'est matiere à de grands regrets.

Les ordres grecs ont été inventés pour des pays dont les usages étoient différents des nôtres. Les Grecs n'avoient point de carrosses & il ne leur falloit point de porte cochere. On ne sçauroit croire combien l'usage des carrosses oppose de difficultés aux péristiles. On ne veut point mettre pied à terre dans la rue. On veut entrer en carrosse dans la cour. Il faut pour cela une porte très-large & d'une solidité à l'abri des ébranſemens. Abſolument il eſt poſſible d'accoupler les colonnes d'un périſtile, & de les rendre inébranlables. Mais les baſes de ces colonnes ne peuvent être plantées à cru ſur le pavé. Il faut les élever ſur un ſocle continu, ou mieux encore ſur des marches formant un perron en avant & de toute la longeur du périſtile. Et voilà ce que les carroſſes ne permettent pas; parce qu'ils ne peuvent entrer que dans une cour dont le pavé eſt au niveau de celui de la rue. On eſt donc obligé de couper & de creuſer le pavé du périſtile à l'endroit de la porte cochere; ce qui eſt très-déſagréable.

Pour éviter cet inconvénient, on a pris le parti au Louvre de faire de tout le rès-de-chauſſée une eſpéce de ſoubaſſement, & d'élever la colonnade au premier étage. Mais ce ſoubaſſement fait un très-mauvais effet; parce qu'il n'en a point la forme & qu'il eſt beaucoup trop haut. On y a percé des fenêtres, qui annoncent toute autre choſe qu'un ſoubaſſement. Il faudroit ſupprimer ces fenêtres & leur ſubſtituer entre la baſe & la corniche des tables en relief ou en ravallement, telles qu'on les deſſine ſur le dé des piédeſtaux. Il eſt vrai qu'il en résulteroit dans l'intérieur un petit corridor très-noir. Mais cet inconvénient seroit peu de chose en comparaison de ce qui existe. Avant qu'on eût culbuté les masures qui offusquoient cette belle façade du Louvre, le rès-de-chaussée n'étoit point apperçu. On ne voyoit un peu sensiblement que la partie d'en-haut, qui est d'une beauté sublime. Depuis qu'on a tout mis à découvert, la difformité du faux soubassement à frappé tout le monde, & l'effet de l'ensemble est devenu moindre.

Quoique ce faux soubassement soit d'une excessive hauteur, il auroit été impossible d'ouvrir dans le milieu une porte tant soit peu majestueuse, si on n'avoit pas pris le parti d'élever au-dessus un grand ceintre, qui empiéte sur le premier étage, & qui intercepte la communication des deux péristiles. C'est sans contredit une faute énorme; & elle est d'autant plus fâcheuse qu'on ne sçauroit y remédier. Commise par le plus grand de nos Architectes, elle prouve combien il est difficile de concilier dans les dehors de nos bâtimens l'Architecture gréque avec nos usages.

Que l'on se transporte à la nouvelle

place de Louis XV , on remarquera dans les deux grands corps de bâtiment qui en font le fond, les périſtiles élevés au premier étage, à l'imitation de ce qui a été pratiqué au Louvre. L'exceſſive hauteur du ſoubaſſement a obligé d'amoindrir le diamétre des colonnes, & elles ſont devenues trop grêles pour le vuide immenſe où elles doivent faire leur effet. Deplus, ce ſoubaſſement percé de portes & de fenêtres n'en eſt point un. Exécuté en pierre de refond, c'eſt un bâtiment ruſtique, ſur lequel on a planté un grand Palais. Ce ſoubaſſement quoique de beaucoup trop haut, ne l'eſt point aſſez pour qu'on ait pû ouvrir dans le milieu une porte principale, qui annonçât noblement l'entrée du Palais dont on a devant ſoi la repréſentation. Ce ſont pluſieurs petites arcades qui ne marquent qu'un corridor très-commun. On a exécuté deux grandes portes aux deux bouts. Dès lors cet arrangement annonce deux maiſons, réunies par une gallerie de communication ; & il falloit annoncer toute autre choſe. Les défauts de ces deux façades que je reléve, n'empêchent pas au reſte qu'on ne doive les regarder comme des Palais dont on chercheroit envain les pareils dans toute l'Europe. Rien ailleurs de si riche & de si grand.

Les péristiles de colonnes n'ont dans les dehors leur véritable effet, que lorsqu'ils sont plantés sur un rès-de-chaussée, élevé de plusieurs marches au-dessus du pavé de la rue : C'est pour cette raison qu'ils réussissent si parfaitement à l'entrée des Eglises. Ils pourront réussir de même à toutes les façades des grands Palais, dès qu'on voudra supporter la petite incommodité de mettre pied à terre en dehors du péristile. S'il faut absolument que le carrosse passe au travers, il faudra choisir le moindre des inconvéniens, qui est de creuser ce passage sur le pavé du péristile, & de laisser les autres parties élevées comme elles doivent l'être.

Cette disposition est préférable à la maniere ordinaire dont les cours de nos Hôtels sont fermées du côté de la rue. On éléve une grande porte cochere dans le milieu, avec un mur de chaque côté qui va joindre les aîles. Cette pratique est peu avantageuse pour la décoration des rues. Elle dérobe l'édifice aux yeux des passants ; & il faut que les cours soient

ſoient bien vaſtes, pour qu'elle ne leur ôte pas de leur gaieté. Quelques fois on perce ces murs en fenêtres & en arcades, qui donnent aux paſſants plus de facilité d'entrevoir le bâtiment, & qui rendent les cours intérieures plus gaies. Dans le nouveau plan que l'on a fait pour le Palais-Royal, la petiteſſe de la premiere cour avoit déterminé d'abord à ne la fermer du côté de la rue qu'avec une ſimple grille. Mais on a repréſenté au Prince que le deſſin d'aggrandir un peu cette cour ne devoit pas l'emporter ſur la néceſſité de donner à ſon Palais une entrée qui eût de la nobleſſe. Ce Prince dont le jugement eſt ſain, & dont le goût eſt exquis, a préféré, avec raiſon, la colonnade que l'on doit exécuter. Il eſt à deſirer que cette nouvelle maniere de fermeture ſerve de modéle à tous les autres Palais. Une grille ne marque point. Ce n'eſt qu'un amas de petites parties ſans effet. Des colonnes au contraire, ſur-tout ſi elles ſont un peu ſerrées, font l'effet le plus grand, & l'ouvrage n'en eſt pas moins percé à jour pour la gaieté. Si tous nos Hôtels avoient ſur la rue une colonnade pareille, un large entre-colonnement dans le milieu ſervant de porte cochere, & des deux côtés les colonnes auſſi ſerrées qu'elles peuvent l'être, rien négaleroit la magnificence de cette décoration.

CHAPITRE III.

Inconvéniens des ordres d'Architecture dans les plans qui ne sont pas rectangles.

LES ordres grecs n'ont été inventés que pour des plans à angles droits. La plinthe des bases de leurs colonnes & le tailloir de leurs chapiteaux, parfaitement quarrés, sont incompatibles avec les angles aigus & obtus. A ces sortes d'angles saillans ou rentrans, l'entablement ne sçauroit porter régulierement sur le chapiteau. Il biaise nécessairement sur la saillie du tailloir, ou bien on est nécessité de déformer le chapiteau lui-même ainsi que la base, pour les assujettir à l'ouverture de ces angles. C'est-à-dire que dans tout plan qui n'est pas à angle droits, il est absolument impossible de placer des colonnes dans l'angle.

Cependant ce seroit une grande gêne, si l'on ne pouvoit jamais sortir de la forme du quarré parfait & du quarré barlong. On ne pourroit plus varier les plans & diversifier la masse des édifices. L'Art seroit resserré dans des bornes trop étroites, & le génie auroit des entraves qu'il est avantageux de lui ôter. Comment faire donc à la rencontre d'un angle aigu ou obtus ? Il n'est pas pratiquable de laisser dans cette partie l'entablement sans support, puisque c'est dans l'angle que se fait la plus forte poussée des architraves. Quand on parviendroit à consolider cette pointe d'entablement suspendue en l'air, l'apparence seroit menaçante; & dans les vrais principes de l'Architecture, tout ce qui a l'air du porte à faux, tout ce qui n'a pas une solidité apparente est vicieux.

Bien des Architectes prennent le parti dans ces angles embarrassants, de substituer à la colonne un pilastre irrégulier dont ils ouvrent ou retrécissent les angles suivant que le plan l'exige. Mais cette pratique n'est point heureuse. Ces pilastres ont des bases & des chapiteaux dont le plan est aussi essentiellement quarré, que celui des bases & des chapiteaux des colonnes. Or ce plan se trouve nécessairement altéré dans l'angle aigu ou obtus, & il fait un contraste fâcheux & trop sensible avec les bases & les chapiteaux des colonnes qui sont à côté.

D'autres Architectes joignent dans l'angle rentrant, deux pilastres dont les bases & les chapiteaux se pénétrent, & qui ont l'air d'un large pilastre plié. Mais outre le mauvais effet qui résulte dans l'angle rentrant de la rencontre des bases & des chapiteaux, ces pilastres aquiérent du côté de l'angle saillant une largeur démesurée & hors des régles. Et n'est-ce pas ôter au pilastre toute sa proportion que de l'élargir sans l'allonger? Les exemples que l'on trouve de ce monstrueux élargissement de pilastres, tel qu'on le voit au pavillon de l'Hôtel de Richelieu sur le rempart, & sur la façade extérieure de la gallerie de Trianon, ne doivent point rassurer contre le danger de commettre une faute de cette nature.

Il me semble qu'un meilleur moyen, & même le seul bon, est, dans toute sorte d'angles aigus & obtus, de construire un massif d'Architecture sans chapiteau & sans base, qui sauve l'irrégularité & la fausse équerre de l'angle. Ce massif doit être une partie lisse & toute unie. N'étant employé que pour raccorder des oppositions & racheter un défaut, moins il occupera l'œil du spectateur, & mieux sa destination sera remplie. L'entablement doit régner sur ce massif comme sur tout le reste, parce que l'entablement est de toutes les parties d'Architecture celle qui souffre le moins d'interruption. En employant le massif dont je parle, on surmontera la grande difficulté du croisement des lignes, quelque grand ou quelque petit que soit l'angle de leur rencontre.

On pourra encore trouver de l'embarras dans l'entablement, relativement à la distribution réguliere des triglifes & des métopes dans l'ordre dorique, & des modillons dans l'ordre corinthien. La bonne maniere d'espacer les uns & les autres suppose tous les angles droits. Ainsi dans tout poligone moindre ou plus grand que le quarré, il sera toujours très-difficile de bien espacer ces parties de l'entablement. Dans l'ordre dorique il faudra faire en sorte qu'à l'angle saillant il ne paroisse qu'une demie métope, & qu'à l'angle rentrant il y ait ou la rencontre de deux métopes ou une métope pliée en deux. Pour produire cet effet l'Architecte aura la liberté d'élargir ou de resserrer son massif d'Architecture. Dans l'ordre corinthien, il faudra toujours qu'à l'angle saillant les modillons se séparent l'un de l'autre selon l'ouverture de l'angle, & qu'à l'angle rentrant ils se rapprochent selon la même ouverture sans pourtant se pénétrer. Ce procédé n'a rien d'impossible. Il ne demande que de l'attention & du soin.

Les ordres grecs ont de grands inconvéniens dans les plans curvilignes. Dans ces sortes de plans, on est obligé de tout disposer selon les rayons qui partent du centre. Dès lors les plinthes des bases & les tailloirs des chapiteaux ne peuvent plus être quarrés. Il faut que rétrecis sur la partie concave du plan, ils s'élargissent sur la partie convexe de la circonférence dont ils doivent décrire le pourtour. Il en est de même de tous les plat-fonds du péristile, de toutes les subdivisions du larmier & de la corniche. Il est vrai que l'imagination étant principalement occupée de la courbure du plan, l'œil fait moins d'attention à cette difformité des bases & des chapiteaux, & que le bon jugement la pardonne, en faveur de l'agrément attaché au plan circulaire.

Dans ces ſortes de plans on ne peut employer tout au plus que deux rangs de colonnes : encore faut-il que celles qui décrivent le pourtour du petit cercle ſoient très-ſerrées, ſans quoi celles qui décrivent le pourtour du grand cercle ſeront à de trop grandes diſtances l'une de l'autre. Cet inconvénient s'eſt manifeſté au rond-point de la Chapelle de Verſailles. Les colonnes du devant ayant été trop peu ſerrées, celles de derriere ſe ſont trouvées à des diſtances exceſſives. Pour pallier cette faute, on en a commis une plus grande, en doublant les colonnes du derriere, quoiqu'il n'y en ait qu'une qui porte une traverſe d'achitrave. Rien ne prouve plus ſenſiblement un plan mal combiné & mal fait.

Ce ſeroit bien pis, ſi on vouloit conſtruire un portique circulaire à quatre rangs de colonnes, comme le Chevalier Bernin l'a pratiqué à Rome à la place de ſaint Pierre du Vatican. Alors on a beau ſerrer les colonnes qui décrivent le pourtour du petit cercle, l'élargiſſement devient ſi extrême au quatriéme rang qu'il eſt tout-à-fait inſupportable.

Nous ne pouvons remédier à l'inconvénient dont je parle, qu'en imitant le procédé des Architectes qui ont bâti nos Eglises gothiques. Nous y voyons des ronds-points à plusieurs rangs de colonnes, sans qu'il en résulte de trop grands intervalles dans les entre-colonnemens. Qu'ont fait les Architectes de ces temps-là? Ils ont réglé le nombre des colonnes sur la grandeur des pourtours, de maniere que si le pourtour le plus étroit étoit divisé en 5 intervalles égaux, le pourtour d'après étoit subdivisé en 9 intervalles égaux, celui d'après en 16 intervalles égaux &c; ce qui produit dans ces ronds-points une forêt de colonnes dont l'effet est très-magnifique & très-grand.

Pourquoi ne ferions-nous pas de même? Quelle difficulté, quel inconvénient y a-t'il à multiplier les colonnes sur le cercle plus grand, & d'avoir par-tout des entre-colonnemens réguliérement espacés? Je suppose plusieurs cercles concentriques. Je serre les colonnes sur le cercle le plus près du centre, j'en mets 12 par exemple à intervalles égaux. Sur le cercle qui suit immédiatement après, je double les colonnes & j'en mets 24 à intervalles égaux: sur le troisiéme cercle j'en mettrai 48, & ſur le quatriéme cercle 96. Les colonnes ſe multiplieront en s'éloignant du centre, c'eſt une forêt qui s'épaiſſira dans ſa profondeur. Il me ſemble que ce procédé n'auroit rien d'abſurde & de déraiſonnable.

On objectera la difficulté de diſtribuer les traverſes d'architrave d'une colonne à l'autre. Mais ne pourroit-on pas faire partir de deſſus la colonne du cercle le plus étroit, une ſimple traverſe qui iroit en s'élargiſſant porter ſur deux colonnes du ſecond cercle? Ne pourroit-on pas dédoubler cette traverſe, & du point où elle commenceroit à avoir une double largeur, y creuſer un plat-fond triangulaire, dont la forme & l'ornement contraſteroit aſſez agréablement avec les plat-fonds d'à côté? Je ne vois point d'impoſſibilité à cela, & je doute qu'on puiſſe ſauver mieux l'inconvénient de l'Architecture Greque dans les cercles concentriques. On peut auſſi dans ces parties difficiles ne laiſſer aucune traverſe d'architrave apparente, & n'employer qu'un ſeul plat-fond ſuſceptible & enrichi d'ornemens convenables. Cette méthode ſauvera les difficultés dans les plans les plus compliqués.

Au ſurplus le plan circulaire ne peut convenir qu'à une rotonde où toutes les parties aboutiſſent à un centre commun. Ce ſeroit un très-bon plan pour une Egliſe, où l'Autel principal occuperoit le centre. Par-tout ailleurs cette compoſition ſeroit ſans avantage, ou plutôt elle auroit de grandes incommodités. Le Chevalier Bernin qui en a fait uſage pour décorer la place de ſaint Pierre du Vatican, auroit beaucoup mieux fait d'éviter la courbe de ſon ellypſe, & de s'en tenir à un plan rectiligne. Le plan qu'il a exécuté eſt plus ſçavant ; mais il eſt tout-à-fait incommode. Les périſtiles ne ſont après-tout que des galeries de communication. Or rien n'eſt ſi incommode & ſi déſagréable que de communiquer d'un endroit à un autre par une ligne courbe, quand on peut le faire par une ligne droite.

Je dois encore obſerver que lorſqu'on employe les ordres grecs ſur une ſimple circonférence, ou circulaire ou ellyptique, on doit éviter deux grands défauts. 1°. Il faut abſolument ſupprimer les arcades. Leur archivolte forcée de ſuivre le plan de la courbe, s'écarte viſiblement de l'aplomb. Ce qu'on nomme la colonnade dans les jardins de Verſailles en fournit malheureuſement la preuve. Ce morceau très-riche, péche par la petiteſſe des colonnes, par l'irrégularité des arcades, & par les contre-forts affreux qui buttent contre la pouſſée. Il auroit été admirable, ſi de fortes colonnes avoient porté un entablement continu. 2°. Il faut être très-attentif à ſerrer les colonnes d'aſſez près, pour qu'à l'extérieur la courbure de l'entablement paroiſſe par-tout ſuffiſamment ſupportée. Il y a aux Chartreux de Lyon un baldaquin d'aſſez grande maniere. Le plan en eſt circulaire par les côtés. Mais on a fait la faute de trop écarter les colonnes ; en ſorte que des deux côtés on apperçoit une grande courbe d'entablement qui s'élance au milieu des airs, & qui ne porte ſur rien. C'eſt la faute la plus inſoutenable qu'on puiſſe commettre.

Dans les plans mixtilignes, le mêlange des courbes & des droites pourra occaſionner bien des difficultés relativement à la forme quarrée de la plinthe des baſes & du tailloir des chapiteaux. Les maſſifs d'Architecture dont j'ai parlé plus haut, réſoudront ſans embarras toutes ces difficultés. En général dans toutes les parties d'un plan quelconque où la colonne ne pourra être employée ſans inconvénient, on pourra ſe tirer d'affaire avec l'expédient du maſſif d'Architecture ſans chapiteau & ſans baſe.

CHAPITRE IV.

Inconvénients des ordres d'Architecture dans l'intérieur des bâtimens.

LE bel effet des ordres grecs à porté les Architectes à les employer non-seulement sur les façades extérieures, mais dans l'intérieur des édifices où ils réussissent beaucoup moins bien.

Dans les piéces d'appartement, les inconvéniens des ordres d'Architecture sont, 1°. Que la colonne y devient simple décoration, quoique de sa nature elle doive être une des parties principales qui constituent le bâtiment, susceptible de décoration, à la vérité, mais ne devant jamais être employée pour la décoration seule ; 2°. Que la décoration qui en résulte est d'un genre lourd & massif ; 3°. Que les colonnes rétrecissent l'espace & augmentent la profondeur des embrasures ; 4°. Que les entablemens sont déplacés & contre nature, puisqu'ils indiquent 4 égouts de toît combinés pour verſer les eaux pluviales dans l'intérieur de l'appartement ; 5°. Que la hauteur de l'entablement diminue d'autant celle des fenêtres & ôte du jour au plat-fond ; 6°. Que cette hauteur d'entablement repréſente l'épaiſſeur d'un plancher ſous un autre plancher, ce qui eſt abſurde.

Ces inconvéniens ſont ſenſibles, & il eſt ſi peu aiſé d'y remédier qu'il en faudroit conclure qu'on ne doit jamais employer les ordres d'Architecture dans l'intérieur des appartemens. Ils peuvent réuſſir dans les veſtibules & dans toutes les piéces qui ne doivent point être meublées; mais alors il faut au moins ne mettre que la ſeule architrave au-deſſus des colonnes & faire porter leur baſe à cru ſur le pavé. Dans les piéces meublées, ce ſeroit un ſingulier contre-ſens de mêler des colonnnes avec des tapiſſeries. L'un ne va point avec l'autre. Là où il y a ordre d'Architecture il ne faut que des ornemens d'Architecture. Dans les Palais des Princes, il y a la chambre du lit, où l'uſage & la bienſéance exigent une alcove ſéparée du reſte de la chambre par une baluſtrade. Quelques-unes de ces alcoves ſont formées par deux colonnes iſolées qui portent leur architrave ; & je conviens que cette maniere a beaucoup de noblesse & de majesté. Mais si l'ordre d'Architecture ne régne pas autour de la chambre, si la chambre est meublée de tapisseries comme elle doit l'être, je crois que l'alcove à colonnes ne convient point, & qu'il vaudroit beaucoup mieux former cette alcove en maniere de pavillon avec des rideaux retroussés & soutenus par des cordons.

Les ordres d'Architecture ne conviennent point dans les parties rampantes. On les a employés à la *Scala Regia* du Vatican, & ils y font un très-mauvais effet. Un entablement rampant ne peut être supporté par un chapiteau dont le tailloir est nécessairement horisontal. On a beau élever sur ce tailloir la moitié d'un détranché diagonalement, on ne masque point la difformité de l'entablement qui ne porte que sur un des tranchans du tailloir. On trouve dans quelques-uns de nos escaliers les repos soutenus par des colonnes. Mais alors qu'arrive-t'il, l'architrave rampante sous les marches, ou n'est portée sur rien, ou porte de la maniere la plus difforme sur le tranchant du tailloir du chapiteau. Dans ces parties rampantes, il faut absolument supprimer tout ordre d'Architecture. Un soubassement doit occuper tout l'espace où se trouvent les rampes, on peut orner ce soubassement de tables triangulaires sous les rampes, & de tables quarrées sous les repos. Les colonnes ne peuvent y trouver place, qu'en substituant à l'entablement des arcs rampants d'une colonne à l'autre ; & cette maniere n'est ni ingénieuse ni agréable. L'effet de l'arcade est toujours chétif, & celui de deux colonnes qui se corespondent à différents degrés de hauteur est bien moins satisfaisant encore. Il en est des balustres comme des colonnes. Ils ne sont jamais bien sur un endroit rampant, à moins qu'on n'en profile toutes les parties selon l'angle de la rampe. Et alors même ils ont l'air d'une assise qui a fléchi. Les appuis des rampes sont beaucoup mieux en entrelas, ou en enroulemens avec rainceaux.

Les ordres d'Architecture n'ont pas les mêmes inconvéniens dans l'intérieur des Eglises & de tous les grands vaisseaux, où l'on peut sans incommodité & avec bienséance construire des galeries au pourtour. Des colonnes en péristile forment ces galeries très-noblement. Reſte l'inconvénient des entablemens qui annoncent des égouts de toît combinés pour verſer les eaux pluviales dans les dedans. On dira ſans doute que s'arrêter à cet inconvénient, c'eſt pouſſer la rigidité trop loin. Il eſt pourtant vrai que c'en eſt un, & qu'on doit s'en défendre s'il n'eſt pas impoſſible de l'éviter.

Or il me ſemble que la choſe eſt non-ſeulement poſſible mais tout-à-fait aiſée. Il ne faut pour cela que faire uſage du faux entablement dont j'ai parlé dans le Chapitre premier. Ce faux entablement feroit diſparoître toute idée de toît, & le berceau de la voute portant immédiatement deſſus ſeroit beaucoup mieux raccordé avec tout le reſte. A la nouvelle Chapelle de l'Egliſe de ſainte Marguerite du faux-bourg ſaint Antoine, on a haſardé quelque choſe de ſemblable. Des deux côtés de la Chapelle on a ſubſtitué à l'entablement de longues tables décorées de bas-reliefs. Mais la hauteur de ces tables excédant celle de l'entablement, il en réſulte un grand défaut de proportion, & une difformité qui devient trop ſenſible à l'endroit où cette eſpéce de faux entablement ſe raccorde avec l'entablement véritable. Au ſurplus cette Chapelle fait beaucoup d'effet par la ſimplicité de l'ordonnance & par la grande maniere qui régne dans tous les ornemens. Ce n'eſt qu'une Architecture feinte. Que ſeroit-ce ſi elle étoit exécutée en réalité ? Telle qu'elle eſt, c'eſt un des plus beaux deſſeins d'Architecture que nous ayons à Paris.

Outre l'inconvénient dont je viens de parler, les entablemens réguliers en ont un autre beaucoup plus grand dans l'intérieur des Egliſes. La grande ſaillie des corniches tranche ſur la hauteur d'une maniere très-forte. Elle interrompt trop ſenſiblement la ligne perpendiculaire & diminue par conſéquent l'impreſſion de hauteur. Toutes les Egliſes bâties ſuivant la pratique qui eſt devenue ordinaire depuis la renaiſſance de l'Architecture, ont moins de hauteur en apparence qu'elles n'en ont en réalité. Ce mauvais effet ne vient que de l'énorme ſaillie des corniches, qui fait diſparoître le *portement* de fond & qui interrompt le ſentiment de hauteur. Or on ſçait qu'une impreſſion interrompue s'altére & perd de ſon effet.

Dans les Egliſes gothiques la grande élévation ſe fait ſentir ſans interruption

& ſans trouble. Elle eſt fortement marquée par un membre perpendiculaire qui s'éléve à plomb du pavé juſques à la naiſſance de la voute, & s'y continue par des nervures qui en marquent le ceintre ; en ſorte que rien n'altére l'impreſſion de hauteur, & que tout concourt à la rendre plus ſenſible. Auſſi toutes ces Egliſes ont plus de hauteur apparente qu'elles n'ont de hauteur réelle.

Voyez le beau berceau de la grande allée des Tuileries. Il paroit très-haut, parce que rien n'interrompt la ligne perpendiculaire, qui ſe courbe en voute au milieu des airs. Faites reſſentir & ſaillir un maſſif de verdure au milieu ou aux deux tiers de l'élévation de ce berceau, auſſitôt ſon élévation ſera ſenſiblement diminuée. Ce ſera le fatal entablement qui mettra une interruption fâcheuſe entre la courbure des branches & l'aplomb des troncs.

Il paroit que ces grands berceaux formés par deux rangées d'arbres de haute futaye ont fourni le modéle de l'Architecture de nos Egliſes gothiques ; & à ne l'enviſager que par cet endroit, elle eſt plus raiſonnable & plus ſenſée que nos ordonnances à colonnes ſurmontées d'un entablement très-ſaillant. Tout y porte de fond, & de là le grand effet. Je ne ſçai ſi dans l'intérieur de nos Egliſes nous ne ferions pas mieux d'imiter & de perfectionner cette Architecture gothique, en réſervant l'Architecture grèque pour les dehors. J'imagine qu'une Egliſe dont toutes les colonnes ſeroient de gros troncs de palmier, qui étendroient leurs branches à droit & à gauche, & qui porteroient les plus hautes ſur tous les contours de la voute, feroit un effet ſurprenant. En ſerrant ces troncs de palmier fort près les uns des autres on auroit la ſolidité, & l'allongement occaſionné par l'âpreté des entre-colonnemens. Les branches entrelaſſées maſqueroient les arcades, & laiſſeroient des vuides au-deſſus pour les fenêtres. Les voutes auroient leurs ogives en branches de palmier, & les vuides intermédiaires pourroient être ornés de ſculpture. Toutes les voutes porteroient de fond, & la grande élévation ne ſe trouveroit nulle-part interrompue. Cette maniere d'Architecture ſeroit ſans difficulté dans tous les plans imaginables. Elle ſe plieroit ſans embarras à toute ſorte d'angles & à tout mêlange de lignes. Cette imagination ne ſeroit après-tout qu'une imitation de la nature que l'on pourroit rendre très-parfaite & très-intéressante, & je doute qu'on eût à se repentir de l'avoir mise en œuvre.

Si nos Architectes persistent à ne point vouloir d'autre ordonnance dans l'intérieur de nos Eglises que celle des ordres grecs, je les invite à réfléchir, du moins un peu plus qu'ils n'ont fait jusqu'à présent, sur les inconvéniens que je viens de leur observer, & principalement sur celui de la grande saillie des corniches qui coupe l'édifice en deux. Je leur ai proposé mon faux entablement, je crois que s'ils veulent s'en donner la peine, ils imagineront les choses beaucoup mieux que je n'ai fait. C'est à eux de donner l'essor à leur génie. Quoiqu'on en puisse dire, la chose mérite attention, & c'est un problême que l'Académie d'Architecture devroit donner à résoudre à ceux qui aspirent au bonheur de lui être associés.

CHAPITRE V.

Des inconvéniens des ordres d'Architecture dans les dedans, relativement à quelques usages particuliers à nos Eglises.

1°. IL faut un chœur dans nos Eglises. Ce chœur est composé de deux ou trois rangs de stales, adossées aux colonnes des collatéraux. Conséquemment à cette maniere qui est devenue générale, les bases des colonnes & une partie de leur fût se trouvent masqués par ces stales incommodes. C'est un inconvénient qu'il faut sauver.

Dans plusieurs Eglises on a imaginé de supprimer dans le chœur toute ordonnance d'Architecture, & de n'y laisser paroître que les stales avec un haut dossier de menuiserie, surmonté de plusieurs grands tableaux. On l'a pratiqué ainsi dans le chœur de Notre-Dame. Mais cette disposition est défectueuse à bien des égards. Le péristile est interrompu & il ne doit jamais l'être. On voit dans la partie ſupérieure, l'édifice porter ſur des bordures de tableau, ſur le vuide du tableau même, porte à faux des plus vicieux. Toute cette décoration paroît poſtiche, faite après coup, ſans liaiſon, ſans harmonie avec le reſte; ou plutôt elle opére une diſcordance ſenſible & choquante.

Dans d'autres Egliſes, on a guindé les colonnes ou pilaſtres ſur un ſocle aſſez élevé pour atteindre à la hauteur des ſtales. C'eſt ainſi que la choſe eſt exécutée à ſaint Sulpice & à ſaint Roch. Cette diſpoſition moins défectueuſe que la précédente l'eſt pourtant encore trop. Ne ſçait-on pas que rien ne diminue tant l'effet d'une ordonnance d'Architecture que ces grands ſocles ſur leſquels elle ſe trouve guindée?

Dans le plan de la nouvelle Egliſe de ſainte Geneviéve, l'incommodité des ſtales a obligé d'élever les collatéraux de pluſieurs marches au-deſſus du pavé de la nef. Cette élévation rend les communications plus difficiles & peut occaſionner des culbutes fâcheuſes dans les jours de foule. Mais il falloit dans le chœur un eſpace où l'on pût mettre des ſtales ſans maſquer la baſe des colonnes. Cette

néceſſité

néceſſité embarraſſante eſt le motif qui a fait haſarder une élévation ſi bizarre. Il faut avouer que M. Soufflot a couvert ce défaut habilement & en homme de génie, & qu'il en a tiré parti pour opérer des effets extraordinaires. Mais c'eſt éviter un inconvénient en donnant dans un autre.

L'attachement qu'on a pour les anciens uſages empêchera toujours qu'on ne renonce à la gothique idée des ſtales, quoiqu'elles faſſent un très-mauvais effet dans nos Egliſes & que leur forme ſoit dépourvue de tout agrément. Puiſqu'on ne peut s'en paſſer, je voudrois du moins qu'on évitât de les plaquer contre les colonnes des collatéraux. On pourroit dans le centre de la croiſée conſtruire un chœur parfaitement iſolé, & placer l'Autel au milieu de ce chœur. On ſatisferoit alors facilement à la bienſéance, qui veut que comme l'Egliſe entiere eſt élevée de pluſieurs marches au-deſſus du niveau de la rue, pour indiquer la ſupériorité des fonctions du culte au-deſſus des fonctions ordinaires, le chœur ſoit élevé de pluſieurs marches au-deſſus du pavé de l'Egliſe pour marquer la prééminence du Clergé au-deſſus des Laïques, & que le Sanctuaire soit élevé de plusieurs marches au-dessus du pavé du chœur, pour désigner l'excellence du Ministere Sacerdotal au-dessus des Ministeres inférieurs.

Dans une Eglise en croix, il seroit facile de donner au point central de la croisée toute la largeur de la nef & des deux collatéraux. Alors on auroit un très-grand espace quarré. On traceroit au milieu un chœur quarré, autour duquel on circuleroit. Cette disposition laisseroit la facilité de faire porter toutes les bases des colonnes à cru sur le pavé. Le spectacle des cérémonies seroit vu commodément de toutes parts, & on auroit la liberté d'exécuter l'Autel de la maniere la plus pittoresque, parce qu'on ne seroit point gêné par la rencontre d'aucune des parties de l'ordonnance d'Architecture.

On pourroit dans ce point central construire une vaste rotonde percée de quatre grandes arcades aussi larges que toute la nef, & construire le chœur isolé au milieu. Les collatéraux se termineroient de toutes parts aux quatre massifs de cette rotonde & se communiqueroient de côté comme à la nouvelle Eglise de sainte

Geneviéve. Sur les faces extérieures des quatres massifs on placeroit des Autels. Ainsi de toutes parts l'Autel principal seroit vu au milieu, avec deux Autels subalternes de droite & de gauche.

Le plan d'une Eglise en quarré long, pourroit occasionner une autre disposition. Le fond de la nef seroit percé d'une grande arcade dans le milieu, & de deux entre-colonnemens à côté. L'Autel principal seroit placé sous l'arcade. Le chœur seroit derriere, orné de menuiserie & de tableaux, avec la chaire pontificale en face de l'Autel. Cette disposition moins avantageuse que la précédente, seroit encore préférable à tout ce qui a été pratiqué jusqu'à présent, & elle rapprocheroit l'usage moderne de l'usage ancien, où l'on voyoit toujours l'Autel sur le devant & le chœur derriere avec la chaire pontificale dans le fond. Il est vrai qu'on seroit obligé de mettre sous les colonnes un socle suffisant pour pouvoir élever le pavé du Sanctuaire & du chœur de plusieurs marches au-dessus du pavé de l'Eglise. Il n'y a que les chœurs isolés qui puissent faire éviter ce défaut.

2°. On veut dans nos Eglises une chaire à prêcher, & voici peut-être la partie la plus embarraſſante pour un Architecte. L'embarras n'eſt pas de décorer cette chaire convenablement, on y a réuſſi en beaucoup d'endroits, pittoreſquement même, on l'a fait à ſaint Roch. L'embarras eſt de la bien placer. La pratique la plus commune eſt d'adoſſer cette chaire & de la ſuſpendre à un des piliers de la nef. Mais outre que les parties ſuſpendues & qui ne portent pas de fond ſont toujours vicieuſes en Architecture. Outre qu'il eſt contre la nature de la colonne, & du pilaſtre même ſi l'on veut, de porter de côté : une chaire placée de la ſorte interrompt d'une maniere déſagréable la file des colonnes, & celle à laquelle on l'a adoſſée paroit ſurchargée d'un poids qui la déforme & qui l'écraſe. Cette pratique eſt donc un abus intolérable & qu'il faut néceſſairement réformer.

L'expédient le plus ſimple ſeroit de n'avoir dans nos Egliſes que des chaires portatives, que l'on placeroit pour le ſermon, & que l'on retireroit enſuite. Mais la choſe n'eſt pas praticable dans les grandes Paroiſſes. Il y faut des chaires à demeure. Alors de deux inconvéniens on doit choiſir le moindre, en plaçant la chaire dans un des entre-colonnemens de la nef. Le plus convenable est l'entre-colonnement du milieu. On doit éviter sur toutes choses d'en engager les ornemens sur le fût des colonnes qui sont à côté ; parce que la principale beauté de la colonne étant d'être entierement isolée, il faut tout sacrifier à la conservation de cet agrément. Ainsi on ne doit imiter nulle part ce qui a été pratiqué dans quelques-unes de nos Eglises, où l'on a rempli un entre-colonnement d'un grand ouvrage de menuiserie qui sert de fond à la chaire à prêcher.

3°. L'usage des orgues présente une nouvelle incommodité dans nos Eglises. La pratique la plus ordinaire est de les placer au-dessus de la grande porte. On les y suspend où bien on construit exprès une grande tribune où ils puissent être placés commodément. Il est difficile que cet arrangement ne tourne pas au préjudice de l'ordonnance. Le buffet de l'orgue, quelque bien suspendu qu'il soit, masque toujours une partie des colonnes & de l'entablement. Une grande tribune ne peut avoir lieu que lorsqu'il y a deux étages d'Architecture. Dans tout autre sistême, elle tranche l'ordonnance dans ſa hauteur. Ou c'eſt un arc ſurbaiſſé dont la retombée porte ſur le fût de deux colonnes ou pilaſtres ; ou c'eſt un nouveau plancher comme à ſaint Sulpice, qui porte ſur des colonnes à part, plus petites que celles de l'ordre qui régne au pourtour, & dans l'impoſſibilité de ſe raccorder avec elles. Ces défauts ſont très-ſenſibles. On peut les éviter en plaçant le buffet de l'orgue au-deſſus de l'entablement dans le vuide que le ceintre de la grande voute laiſſe au-deſſus de la grande porte. Cette diſpoſition eſt ſans inconvénient. On peut craindre tout au plus que la trop grande élévation du buffet ne diminue l'effet des jeux de l'orgue. Une maniere qui n'a point encore été pratiquée, feroit de couper le buffet de l'orgue en trois parties, & de les diſtribuer dans les trois entre-colonnemens qui doivent être au fond de la nef. On pourroit établir les jeux principaux dans le grand entre-colonnement du milieu, & jetter toutes les pédales dans les petits entre-colonnemens d'à côté. On éviteroit aiſément que ces trois parties de buffet n'empiétaſſent ſur les colonnes & ſur l'entablement. On pourroit imaginer pour ces buffets un genre de décoration analogue avec l'ordonnance. On pratiqueroit ſans embarras dans l'épaiſſeur du mur, l'eſcalier pour monter à l'orgue, & les eſpaces néceſſaires pour les ſoufflets. Il me ſemble que cette maniere plus ſimple & plus naturelle mérite la préférence ſur les autres.

4°. On veut des tribunes dans nos Egliſes, & rien ne ſe concilie plus difficilement avec l'ordonnance de l'édifice. Afin de multiplier les tribunes, on a bâti quantité d'Egliſes avec des pilaſtres & des arcades, en laiſſant un eſpace entre la clef de l'arcade & la ſofite de l'entablement. On voit cette déſagréable diſtribution à l'Egliſe de ſaint Louis, rue ſaint Antoine, & à celle des Peres de l'Oratoire, rue ſaint Honoré. Dans cette derniere on a pouſſé la choſe juſqu'à faire traverſer par des tribunes les deux bras de la croiſée; en ſorte qu'il paroit une croiſée dans la partie ſupérieure, & qu'on ne la retrouve plus dans le bas. Un Architecte qui commet de pareilles fautes ne ſe juſtifie point, en diſant qu'il a été gêné par le terrein. C'étoit à lui de combiner ſon plan d'après le terrein donné, & d'en tirer un meilleur parti.

Quand on prendra la ſage habitude

de ſubſtituer les colonnes iſolées aux pilaſtres & aux arcades, on ne trouvera plus de place pour des tribunes. Tout au plus s'il ſe préſente quelque entre-colonnement plein, on pourra figurer une porte au rès-de-chauſſée, & au-deſſus une fenêtre en forme de tribune. Que ſi la commodité ou d'autres raiſons exigent des tribunes au pourtour de l'Egliſe, il faudra avoir recours aux deux étages d'Architecture, & celui d'en-haut fournira les galeries dont on aura beſoin.

TROISIEME PARTIE.

De la difficulté de décorer les Eglises gothiques.

TOUTE espéce de décoration ne convient pas à toute sorte d'édifices. Il faut que l'ornement soit adapté à l'esprit & au sistême d'Architecture, & que la broderie n'altére jamais le fond. L'Architecte donne les massifs & les percés. Le devoir du décorateur est de s'y assujettir & d'éviter tout ce qui peut corrompre les uns & offusquer les autres. De-là la grande difficulté de décorer les Eglises gothiques. Dans ces sortes de bâtimens les massifs sont d'ordinaire fort legers & les percés multipliés à l'infini. Il en résulte une bizarrerie, une variété d'aspects, qui occupent agréablement la vue, & qui produisent le spectacle le plus séduisant. Détruire ce spectacle, ce seroit annéantir le principal mérite de ces Eglises, & faire disparoître leur plus grande beauté.

On a commis cette faute dans les siécles où régnoit un goût barbare. Les Architectes ne furent jamais si attentifs à diversifier les aspects d'une maniere piquante. Les décorateurs ne les offusquerent jamais avec tant de mal-adresse. Entrons dans quelqu'une de nos belles Eglises gothiques, telles que les Cathédrales d'Amiens, de Rheims, de Paris même. Plaçons-nous au centre de la croisée. Ecartons en imagination tous les empêchemens qui gênent la vue. Que verrons-nous ? Une distribution charmante, où l'œil plonge délicieusement à travers plusieurs files de colonnes dans des Chapelles en enfoncement, dont les vitraux répandent la lumiere avec profusion & inégalité ; un chevet en poligone où ces aspects se multiplient, se diversifient encore davantage ; un mélange, un mouvement, un tumulte de percés & de massifs, qui jouent, qui contrastent, & dont l'effet entier est ravissant.

Considérons présentement ces mêmes Eglises avec tous les sots ornemens que le goût du 14e. & du 15e. siécle leur a prodigués. Un affreux jubé se présente, qui jette sur ces beautés inimitables, le voile le plus déplaiſant. Entrons dans le chœur à travers cette horrible barricade. Des ſtales informes avec de hauts doſſiers maſquent la vue des collatéraux. Au chevet un retable avancé, des colonnes & des courtines couvrent tous les percés & tous les maſſifs; & dans cette partie de l'édifice la plus brillante, régne une lumiere ſombre ou une fatale obſcurité. Comprend-on que dans le même-temps les Architectes aient conçu de ſi grandes idées, & les décorateurs aient employé de ſi chétives inventions.

On a enfin connu l'abſurdité de ce ſiſtême de décoration. A meſure que les Arts ſe ſont perfectionnés parmi nous, les idées ſe ſont rectifiées & aggrandies; & on a voulu dans nos Egliſes gothiques ſubſtituer aux ridicules colifichets qui les défiguroient, des ornemens d'un goût plus relevé & plus pur. Mais il s'en faut bien qu'on ait partout également réuſſi.

Nous avons dans Paris trois Egliſes gothiques dont le chœur & le Sanctuaire ont été décorés dans ces derniers temps avec aſſez de dépenſe: Notre-Dame, ſaint Médéric, & ſaint Germain l'Auxerrois.

A Notre-Dame, les choſes ont été faites avec magnificence. Les marbres, les bronzes, la dorure, les richeſſes de peinture & de ſculpture, rien n'a été épargné. Mais avec quel ſuccès ? C'eſt ce qu'il convient d'examiner. On a donné une meilleure forme au jubé. On a élargi & exhauſſé la grande porte du chœur. On a donné aux ſtales des doſſiers du plus beau travail : on a mis au-deſſus de beaux tableaux des meilleurs Maîtres. On a incruſté tout le pourtour du Sanctuaire de marbres précieux. On a conſtruit un Autel riche & de grand goût. On a mis derriere un groupe digne de l'admiration de tous les ſiécles. Mais le ſiſtême d'Architecture a été dénaturé. Les aſpects ont été offuſqués. Le fracas, le tapage réſultant des deux files de colonnes autour du chevet, des nervures, des ogives, des renfoncemens des Chapelles, des jours de leurs vitraux, tout cela a diſparu. Ce chœur qu'on auroit vu de cent manieres différentes en circulant autour, n'eſt apperçu que très-difficilement en deux ou trois endroits, à travers des grilles épaiſſes. J'ai dit plus haut combien il eſt contre nature de voir ici des colonnes porter ſur des bordures de tableau. J'ajouterai que dans le Sanctuaire, le contraste de l'Architecture d'en-bas avec celle d'en-haut est contre le bon sens. Ainsi voilà bien de la dépense perdue. Le chœur de Notre-Dame est un des plus riches morceaux que l'on voye dans les Eglises Chrétiennes. Mais malheureusement il n'a rien d'analogue à l'édifice. Le décorateur qui en a donné le dessein est tombé dans le même défaut que les décorateurs du 15e. siécle. Il n'a fait qu'éviter leurs incorrections, & exécuter en grand ce qu'ils avoient imaginé en petit.

Les grands tableaux qui décorent la nef & la croisée de Notre-Dame ne sont pas d'une invention plus heureuse, quelque mérite qu'ils puissent avoir d'ailleurs. Dans la nef ils obscurcissent les bas côtés. Ils les font paroître plus écrasés. Ils masquent l'aspect des nervures & des ogives des voutes, aspect toujours précieux dans les Eglises gothiques. Dans la croisée, ils sont entassés pêle mêle, sans ordre, sans idée, comme dans une exposition faite au hasard. Je le dis hardiment, l'Eglise de Notre-Dame seroit beaucoup mieux, si on enlevoit tous ces tableaux. La parure est riche, mais au lieu d'embellir le fond, elle le gâte, il faut donc la ſupprimer.

A ſaint Médéric, on a décoré le chœur d'une maniere différente. On a conſervé les maſſifs & les percés; mais on a dénaturé les formes. Les arcades à plein ceintre ont été ſubſtituées aux arcades à tiers-point. Les pilaſtres ont pris la place des pilliers gothiques. Ces pilaſtres ont été guindés ſur un ſocle très-haut, tandis que les pilliers gothiques portent à cru ſur le pavé. Cette décoration brille par l'imitation des marbres, par l'aſſemblage des bronzes, par la perfection de la dorure; mais elle ne convient point à l'édifice. Elle altére, elle corrompt mal-à-propos le ſiſtême de ſon Architecture. La partie d'en-haut ne ſymmétriſe point avec celle d'en-bas. Le chœur entier eſt en oppoſition avec tout le reſte de l'Egliſe.

A ſaint Germain l'Auxerrois, on a tiré un parti excellent de l'Architecture gothique de cette Egliſe. Ici on ne voit ni marbre, ni bronze, ni dorure, & la décoration eſt d'un goût infiniment plus ſage & plus pur. Les pilliers gothiques métamorphoſés en colonnes cannelées font l'effet le plus grand & le plus agréable. Aucun des percés n'eſt offuſqué, les formes ſont perfectionnées, l'ornement eſt ſemé avec modération. Tout eſt aſſujetti à l'Architecture du bâtiment, & ce morceau eſt digne de ſervir de modéle. Si la Paroiſſe pouvoit faire la dépenſe de décorer de la même maniere la nef & tous les bas côtés; cette Egliſe, l'une des plus médiocres de Paris, deviendroit certainement une des plus belles. On n'a pû éviter de faire porter à faux les petites colonnes d'en-haut dont le chapiteau reçoit la retombée des nervures de la voute. Leur baſe eſt aſſiſe ſur la tête d'un chérubin en encorbellement. Ce défaut eſt ſenſible & choquant. Mais il n'y avoit pas moyen de le ſauver; & on le pardonne en faveur des heureux changemens que le décorateur a faits, & de la grande amélioration qui en réſulte.

En général, quiconque entreprend de décorer une Egliſe gothique, doit avant toutes choſes bien ſaiſir & bien méditer tous les avantages du ſiſtême particulier d'Architecture que l'on y a employé. Loin de les détruire, il doit s'appliquer à les faire reſſentir, & a en tirer le meilleur parti poſſible. Son étude enſuite doit ſe borner à donner aux maſſifs s'il le peut une forme plus ſimple, plus naturelle & plus coulante. S'il y a des ornemens obligés & qu'il en puiſſe épurer les contours, qu'il le faſſe. S'il y a des ornemens ſuperflus, qu'il les retranche. Sur les fonds liſſes, il peut tailler des panneaux, pourvu qu'ils ſoient grands & très-ſenſibles; car s'ils donnent dans le petit, il vaut mieux laiſſer le fond tel qu'il eſt. En un mot le décorateur doit dans une Egliſe gothique, rectifier, ſoigner, embellir tout ce qui peut l'être, reſpcter, ménager, faire valoir l'Architecture autant qu'il ſe peut.

Ces principes ſont certains. Mais il eſt moins aiſé qu'on ne penſe de s'y aſſujettir dans la pratique. Le décorateur veut briller, ſon imagination l'emporte, elle ne trouve point le champ libre dans des eſpaces donnés, elle les franchit. Ceux qui payent veulent faire ſenſation par leur dépenſe. Ils préférent à une décoration naturelle & ſage, des ornemens multipliés & entaſſés. On eſt accoutumé à un genre de décoration, l'habitude en veut faire uſage par-tout, il en réſulte des mêlanges d'Architectures incompatibles. Ainſi à Notre-Dame, à ſaint Jean en Gréve, à ſaint Sauveur, aux Grands-

Auguſtins & dans beaucoup d'autres Egliſes gothiques, on voit des décorations d'Autels où l'Architecture gréque contraſte mal-à-propos avec l'ordonnance du bâtiment. Ces décorations ſont riches & de grand goût; mais elles péchent, en ce qu'elles ne ſont pas dans l'eſprit de la choſe. C'eſt un ſtile qui ne convient point au ſujet. C'eſt un tableau ſans union & ſans harmonie. C'eſt un amas de choſes qui, loin de faire un enſemble & un tout, ne compoſent qu'un mauvais agregat de parties diſparates & diſcordantes.

Que faire donc dans une Egliſe gothique que l'on propoſe à décorer? Le voici. Ecartez d'abord tous les obſtacles qui diminuent, qui offuſquent la variété & la bizarrerie de ſes aſpects. Détruiſez tous les faux ornements qui ſurchargent les maſſifs ou qui bouchent les percés. Conſidérez la nature des pilliers. Voyez ſi en retranchant ou en ajoutant quelque choſe on peut les arrondir juſqu'à leur donner une forme qui imite celle des colonnes. Préférez cette forme à toute autre. Vous pouvez incruſter ces colonnes de marbre, où les canneler en pierre. Vous pouvez leur donner des baſes & des chapiteaux dont les profils ſoient plus correcTs. Vous pouvez aux nervures des ogives ſubſtituer à des moulures barbares des moulures d'un bon choix. Vous pouvez tailler où feindre des moſaïques dans les pendentifs des voutes, enlacer des palmes, ou jetter tel autre ornement de bon goût ſur les endroits liſſes. Si vous avez le marbre & la dorure à diſcrétion, vous pouvez en faire uſage. Dans le centre du Sanctuaire vous pouvez conſtruire un Autel iſolé, dont la forme ſoit ſimple, & n'admettre que des ornements forts & bien reſſentis. Dans le fond du chevet vous pourrez élever un groupe principal, & l'accompagner dans les percés d'à côté de moindres groupes qui le faſſent pyramider. Vous pouvez ſuſpendre au milieu de ces percés de magnifiques lampadoires. Que le chœur ne ſoit ſéparé de la nef que par une grille de fer, dont les ornemens mêlangés de bronze ne ſoient ni trop déliés ni trop maſſifs. Que la même grille régne au pourtour du chœur & du Sanctuaire; que les ſtales ſoient ſans doſſier; qu'au lieu du lutrin placé dans le milieu, il y en ait deux rejettés ſur les côtés, & exécutés en bronze du meilleur deſſein. Ajoutez à tout cela un beau pavé en compartimens de marbre, & vous aurez une Egliſe gothique décorée de grand goût.

On peut juger de l'effet de cette décoration par celui du nouveau Sanctuaire de l'Egliſe de ſaint Germain l'Auxerrois. C'eſt un modéle en petit. Que ſeroit-ce ſi ce modéle étoit exécuté en grand, & ſi on ne négligeoit aucune des perfections dont il eſt ſuſceptible.

L'Egliſe Cathédrale d'Amiens eſt encore dans le cas d'être décorée. Cet édifice, l'un des plus vaſtes & des plus magnifiques que l'Architecture gothique ait produits, étoit comme tous les autres défiguré par un horrible jubé, par un retable d'Autel groſſier & monſtrueux, par des doſſiers de ſtales, chargés d'un amas de petits colifichets tudeſques. Jamais conſtruction de chœur ne fut plus élégante. Jamais on n'employa tant d'intelligence à multiplier les percés, à diſtribuer les jours, à diverſifier les aſpects; & graces à l'imbécillité du premier décorateur, au milieu de ce chœur admirable, la vue ſe trouvoit gênée & arrêtée par une enceinte de barricades informes. A peine y voyoit-on. M. l'Evêque d'Amiens qui joint à une éminente piété très-connue, un goût naturel pour les Arts, forma il y a quelques années, conjointement avec son Chapitre, le projet louable de décorer à la moderne le chœur & le Sanctuaire de cette belle Eglise. On jugea d'abord que le premier pas à faire étoit de détruire le jubé, d'enlever le vieux retable d'Autel, & de faire disparoître tous les embarras qui offusquoient le chevet.

Ce premier changement eut tout le succès qu'on en devoit attendre. Le chœur auparavant si sombre parut égayé & aggrandi. On apperçut avec étonnement dans le fond du rond-point un spectacle dont on n'avoit point d'idée, des percés de profondeur inégale, où la vue s'enfonce à travers une forêt de pilliers & de nervures, dans des Chapelles dont les formes & les aspects sont admirablement diversifiés, & où les lumieres & les ombres produisent la perspective la plus délicieuse & la plus frappante.

Il auroit fallu ne pas s'en tenir là. La main hardie qui avoit abbatu le jubé & le retable ne devoit pas respecter davantage les dossiers des stales. Mais jusqu'à présent on n'a pu gagner sur l'esprit de

Messieurs les Chanoines de sacrifier ces informes dossiers. Ils y tiennent par préjugé & par habitude. Ils ont oui dire à tous leurs devanciers, que ces dossiers étoient d'un travail très-recherché. Il est vrai que le bois est historié & découpé comme si c'étoit un ouvrage de cire. Malgré cela, si ces dossiers ne sont pas abbatus, jamais ce beau chœur ne sera décoré d'une maniere convenable. Il est impossible que les ornemens qu'on doit placer dans le Sanctuaire soient jamais d'accord avec cette menuiserie gothique. Il en résultera une opposition capable de détruire l'effet du plus beau dessein. Il faudra tôt ou tard abbattre ces dossiers. Ils masquent depuis long-temps très-mal-à-propos la file des colonnes & les beaux percés qui sont autour du chœur. Faut-il qu'un aveugle amour pour ces jolies antiquailles lutte encore contre les principes de bon goût qui ordonnent leur destruction ?

On a abbatu le jubé. On a conservé pourtant à côté de la grande porte du chœur deux petits ambons, qui masquent moins, mais qui masquent encore trop. On avoit adossé sur les faces extérieures de ces ambons, deux Chapelles dont le dessein étoit fort au-dessous du médiocre. C'étoit un reste de l'ancienne habitude & une grossiere imitation de ce qui a été pratiqué à Notre-Dame de Paris. Lors des anciens jubés qui déroboient la vue de l'Autel principal, une espéce de nécessité avoit introduit l'usage de deux Autels à côté de la grande porte du chœur, afin que le peuple qui étoit dans la nef pût entendre la Messe commodément. Depuis qu'on a réformé ces jubés, on auroit dû observer qu'il est contre la décence de faire célébrer les Saints Mystéres à côté d'une porte qui est un lieu de passage. Cette observation a échappé à ceux qui ont décoré le chœur de la Cathédrale de Paris. On y retrouve les deux Chapelles où le receuillement du Prêtre est troublé par la confusion & le bruit des allants & venants. On a été long-temps à revenir de cette pratique abusive. Le décorateur de saint Médéric a laissé subsister quatre Autels dans cette position indécente. A saint Roch même, où le jugement le plus sain a présidé à la décoration des Chapelles de la Vierge, de la Communion & du Calvaire, on voit à l'entrée du chœur deux petits Autels, plaqués l'un & l'autre contre un pillier, qui sert de fond à une petite ſtatue. Outre que l'effet de ces deux Autels eſt très-chétif, leur poſition eſt tout-à-fait répréhenſible. Il faut eſpérer qu'on les ſupprimera, lorſque les Autels qu'on ſubſtitue ſagement aux deux portes de la croiſée ſeront achevés. Celui qui a décoré le chœur de ſaint Germain l'Auxerrois a eu le bon ſens déviter la faute que je reprends ici avec tant de raiſon.

Les Chanoines d'Amiens ont donné depuis peu ſur ce ſujet un très-bon exemple. Quoiqu'ils euſſent conſtruit à grands frais deux Chapelles à côté de la porte du Chœur de leur Egliſe. Ils ont ſenti qu'elles y étoient déplacées, & ils les ont généreuſement fait tranſporter ailleurs. Mais comme les vieilles habitudes ne ſe corrigent preſque jamais entierement, ils ont conſervé les deux ambons qui flanquent cette porte, & ils ont cru qu'en les décorant dans le goût gothique, leur analogie avec le reſte de l'édifice juſtifieroit cet arrangement. S'ils veulent bien faire céder leurs préjugés à l'amour du vrai, du naturel & du ſimple, ils abbatront encore ces deux ambons, afin que rien ne maſque la vue du chœur & du Sanctuaire.

Ils projettent depuis long-temps de

décorer ce Sanctuaire avec magnificence, & divers Artistes ont exercé leur génie à l'exécution de ce projet. M. Slodtz entraîné par une imagination vive & féconde, proposa en 1758, de placer dans le centre du rond-poind l'Autel principal, d'élever derriere, ce qu'on nomme l'Autel *Retro*, & de l'adosser contre un socle qui devoit embrasser tout le pourtour du rond-point. Du haut de ce socle s'élevoit une Gloire immense, où l'on voyoit sur des nuages de grands groupes d'Anges porter la Vierge vers le Ciel, figuré par un cercle rayonnant & lumineux, autour duquel plusieurs têtes de chérubins traçoient la figure du Rosaire. Cette Gloire devoit occuper en hauteur un espace de plus de 80 pieds. Les masses en étoient fortes & majesteuses, les figures colossales & pleines d'agitation & de mouvement, les expressions nobles & divines, l'ensemble auroit fait le plus grand effet.

Le Chapitre fut ébloui d'abord par cet étalage superbe, mais considérant ensuite, qu'un morceau d'un si grand volume déroberoit nécessairement à la vue les précieux aspects que fournissent les bas côtés & les Chapelles qui circulent autour

autour du rond-point, rejetta avec raiſon cette grande machine comme n'étant point faite pour le lieu où on avoit deſſein de la placer.

Trois ans après, M. de Wailli propoſa une autre idée. Il établiſſoit au milieu du Sanctuaire un tombeau qui devoit ſervir d'Autel. Au-deſſus de ce tombeau il plaçoit une niche en demi-coupole, dont le couronnement étoit ſupporté par des cariatides, ſimboles de différentes vertus, & de-là s'élevoit une pyramide de nuages, au-haut deſquels un groupe figurant l'Aſſomption de la Vierge, aboutiſſoit à une Gloire rayonnante. Cette idée peu différente de celle de M. Slodtz, préſentoit un volume moins grand. Elle avoit le même inconvénient d'offuſquer les vues, & il en réſultoit un effet bien moins majeſtueux. Ainſi elle a été rejettée avec encore plus de raiſon. M. de Wailli en rapprochant la repréſentation du tombeau de celle de l'Aſſomption, auroit eu au moins le mérite de ſe renfermer dans une unité de ſujet; mais ſa niche étoit un mauvais acceſſoire qui rompoit l'harmonie de l'enſemble.

Quelque-temps après M. Rouſſeau

ayant senti mieux que les autres la nécessité d'exclure toute décoration capable d'empiéter sur les massifs & de boucher les percés, proposa un Autel isolé dont la forme devoit être celle d'un tombeau antique. Cet Autel étoit élevé sur un perron de cinq marches circulaires. Aux deux côtés de cet Autel étoient deux crédences en forme de piédestal rond, dont le dé devoit être orné de guirlandes. Au bas des marches du perron & plus près des stales du chœur, étoient deux lampes antiques, qui de même que les deux crédences, contribuoient à rendre plus sensible l'effet pyramidal. Au-dessus de l'Autel & à la hauteur des chapiteaux des piliers, un grand rideau replié & artistement drappé étoit suspendu sur des cordes attachées aux piliers du rond-point, faisant l'effet de *l'umbraculum* des anciens; & au-dessous un Ange voltigeant dans les airs devoit porter la suspension. Cette idée nouvelle & singuliére n'a point été admise. On a jugé qu'un simple Autel flanqué de deux crédences ne feroient pas assez d'effet. On a réprouvé avec raison les marches circulaires, parce qu'elles sont incommodes & périlleuses. Cet *umbraculum* suspendu ſur des cordes a paru de petit goût, & repréſenter une de ces tentes que l'on ſuſpend en plein air pour une fête paſſagere. On en a craint l'effet menaçant ; & il eſt vrai que quelque Art que l'on eût mis à le bien ſuſpendre, il auroit toujours eu l'apparence d'un poids énorme prêt à enfoncer dans le milieu.

On m'a fait l'honneur de me conſulter moi-même ; & voici quelle a été mon idée. J'ai propoſé pour l'Autel principal & pour l'Autel *retro* de s'en tenir aux modéles donnés par M. Slodtz. Sur l'Autel *retro* je conſeille d'élever un piédeſtal qui embraſſe toute la largeur du percé du milieu. Au-deſſus de ce piédeſtal je figure une terraſſe qui ſert de baſe à un palmier, au bas duquel ſont entaſſés pêle mêle les inſtrumens de la Paſſion. La Vierge eſt aſſiſe ſur cette maniere de trophée, foulant aux pieds la tête du ſerpent, ſes mains & ſes regards s'élévent en-haut, contemplant avec une joie pure le triomphe de celui à qui elle a donné la vie & qui a vaincu la mort. La ſuſpenſion peut être attachée à une des branches du palmier. Cette idée m'a paru ſimple & ſans embarras. Tout en eſt relatif au grand œuvre de la Rédemption, & la Vierge que nous ſçavons y avoir eu la meilleure part, paroit avec les plus beaux attributs de la gloire. Le groupe que je propoſe peut être exécuté de maniere qu'il n'offuſque point la vue des bas-côtés & des Chapelles. Dans chaque entre-colonnement du rond-point, je conſeille de placer des groupes ſubalternes où il ſeroit facile d'exprimer les ſentimens que la foi d'un ſi grand Myſtere doit inſpirer. Ces groupes contribueroient à augmenter l'effet pyramidal. Adoſſés à des grilles d'un bon choix, ils ſeroient parfaitement détachés. Je voudrois qu'on ne vît autour du chœur que les ſeules ſtales & de belles grilles au lieu des doſſiers. Je voudrois que ſur le haut des grilles autour du rond-point on fixât de magnifiques lampadaires, qui contribueroient encore à enrichir cette partie. Rien n'empêche au ſurplus qu'on n'exécute à l'égard des piliers & de tout le reſte ce que j'ai preſcrit plus haut, en parlant du parti qu'on pouvoit tirer de l'Architecture gothique, avec le ſeul expédient d'en rectifier les formes. Il me ſemble qu'en employant avec goût ces différentes reſſources, le chœur de l'Egliſe d'Amiens feroit décoré convenablement, richement, & qu'il en réfulteroit un effet dont on n'a point encore vû d'exemple.

Le même principe qui défend d'allier enfemble des fiftêmes d'Architecture incompatibles, doit faire rejetter des portails des Eglifes gothiques toutes les compofitions d'Architecture gréque. Le portail de faint Gervais eft dans le cas. C'eft un affemblage affez ingénieux des trois ordres grecs, & en cela c'eft un morceau eftimable, malgré fes défauts qui n'échapent point aux connoiffeurs. Mais ce morceau eft tout-à-fait déplacé. Il eft abfurde que le frontifpice foit d'une façon & l'intérieur d'une autre. Pourquoi ces difparates qui choquent la raifon & le bon fens. Nul ouvrage ne peut être bon s'il n'y a unité de fujet, union & accord des parties. Oui, je le dis hardiment, fi l'on veut reconftruire le portail d'une Eglife gothique, il faut de toute néceffité le reconftruire gothiquement. On peut tout au plus fe donner la liberté de rectifier les formes, de rendre les moulures plus correctes, de tailler les ornemens de meilleur goût.

On a donc très-mal-fait de commencer à ſaint Euſtache un portail dont l'Architecture jurera avec celle des dedans. L'intérieur de cette Egliſe eſt très-ſingulier. Celui qui l'a bâtie tenoit fortement à l'Architecture gothique, & avoit quelques foibles notions de l'Architecture gréque. Il a voulu dans ce bâtiment donner quelques échantillons des ordres grecs. De là ces petites colonnes guindées ſur des piédeſtaux exceſſivement allongés, & que l'on reconnoit par leurs baſes, leurs chapiteaux & leurs cannelures appartenir à l'Architecture antique. Cette Egliſe fait époque, en ce qu'elle n'eſt gothique qu'à demi, & qu'étant comme certaines Provinces limitrophes où les mœurs & les langages oppoſés ſe confondent, elle décide l'inſtant où l'Architecture gothique alloit expirer, & où l'Architecture gréque commençoit à renaître. Si cette conſidération paroit aſſez importante pour qu'on la conſerve telle qu'elle eſt, à la bonne-heure, qu'on la conſerve, & qu'on ſe contente de la regrater, car elle eſt d'une noirceur hideuſe. Mais ſi jamais il prend fantaiſie à quelqu'un de la faire décorer. Je ne puis trop recommander qu'on imite ce qui a été pratiqué à ſaint Germain l'Auxerrois. Alors le nouveau portail de cette Eglise sera moins en opposition avec son ordonnance intérieure.

Je ne puis m'empêcher d'observer à l'occasion de ce portail, qu'on a bien mal fait de l'accompagner d'une place, où la colonnade dorique se répéte sur toutes les façades. Un des côtés de cette place est déjà exécuté, & on voit qu'une si forte colonnade sur un bâtiment si médiocre est d'une horrible pesanteur. On a l'incommodité de l'entablement qui prend toute la hauteur d'un étage, & que signifie l'étage au-dessus de l'entablement? Cette composition est de très-mauvais goût. Il auroit mieux valu dessiner les bâtimens de la place d'un goût plus simple & plus analogue à des maisons qu'on doit habiter. Ces bâtimens moins chargés d'ornement auroient été un fond plus convenable, & les richesses du portail auroient été par le contraste plus fortement ressenties. J'ai été entraîné à cette digression & je n'ai pu m'y refuser.

QUATRIEME PARTIE.

De la maniere de bien tracer le plan d'un bâtiment.

S'IL y a quelque chose qui soit de l'invention de l'Architecte, c'est le plan de l'édifice. C'est-là qu'il peut manifester un génie créateur, par des combinaisons toujours nouvelles & toujours également justes. Cette partie de l'Art qui doit le plus contribuer à sa réputation & au succès de son travail, est celle dans laquelle on a fait jusqu'à présent le moins de progrès. Combien d'édifices remplis d'incommodités & de désagrémens? En est-il où l'on trouve toute la commodité & tout l'agrément possible? où le terrein soit employé & mis à profit avec une sagesse qui ne laisse rien à désirer? où la distribution sortant du trivial & du commun, donne pleinement le nécessaire, écarte tous les embarras, rassemble toutes les délices? Peu de bâtimens ont ce mérite, parce que peu d'Architectes ont le talent de bien combiner leurs plans. Qu'ils ne disent point que s'ils pèchent par cet endroit, c'est qu'ils n'ont pas toujours le champ libre. On n'est point injuste à leur égard. Les désavantages d'un terrein assujetti n'échapent point à leurs juges; & pour peu qu'on y trouve de commodité & d'agrément, c'est un mérite qu'on exalte & dont on leur sçait un gré infini. D'ailleurs combien d'édifices où ils ont le champ très-libre, & où leurs plans donnent non-seulement dans le trivial & le commun, mais dans l'incommode & le désagréable.

L'Art des plans renferme trois objets principaux, l'assiéte ou la situation du bâtiment, la forme & la distribution de ses parties.

CHAPITRE PREMIER.

De l'aſſiéte ou de la ſituation des bâtimens.

IL faut diſtinguer les édifices publics des maiſons particulieres, ceux que l'on bâtit dans les Villes, ou que l'on conſtruit à la campagne.

Les édifices publics, ſont les Egliſes, les Palais des Princes, les lieux où l'on rend la Juſtice, les Hôtels de la municipalité, les Colléges & Univerſités, les Hôpitaux, les Places, les Halles, les Cimetieres.

Il y a de grandes obſervations à faire ſur tous ces bâtimens, relativement à leur poſition.

Les Egliſes étant deſtinées à l'exercice du Culte public, & devant être ouvertes à tous les états & à toutes les conditions, il convient de les placer autant qu'on le peut dans le centre de leur reſſort, & de choiſir l'endroit où il y a le plus d'accès. La Cathédrale de Paris ſeroit à cet égard bien placée, étant peu éloignée du centre de cette Capitale, ſi on l'avoit rendue plus acceſſible. Mais elle eſt dans un cul-de-ſac où l'on n'arrive que par une ſeule rue un peu large. Il faudroit entourer de quais toute l'Iſle de la Cité, ſubſtituer au pont-rouge, un pont de pierre ſur l'alignement de la rue S. Louis de l'iſle de ce nom, percer dans le même alignement une nouvelle rue tout au travers du Cloître, juſques à la Statue d'Henri IV, donner au parvis de Notre-Dame, du côté de l'Archevêché, la même largeur qu'on vient de lui donner dans la partie oppoſée, percer enfin ſur ces deux côtés du parvis deux larges rues qui aboutiſſent ſur les quais de la riviere. Alors cette premiere Egliſe ſeroit, comme elle doit l'être, parfaitement acceſſible de toutes parts.

Les Paroiſſes de Paris ſont preſque toutes mal placées. Loin d'être au centre de leur reſſort, pluſieurs en occupent l'extrémité, comme ſaint Sulpice, ſaint Euſtache, ſaint Jean en Greve, ſaint Gervais, &c. C'eſt un inconvénient auquel on ne peut remédier, qu'en diviſant le reſſort de celles qui ſont à des diſtances trop éloignées, & en érigeant de nouvelles Paroiſſes dans la partie, qui ſeroit démembrée des anciennes. Du moins faudroit-il rendre les Eglises Paroissiales plus accessibles qu'elles ne le sont. A S. Sulpice on a le projet d'une nouvelle place, & en élargissant toutes les rues adjacentes, on y aura des accès suffisamment multipliés. Le même projet a été formé pour S. Eustache, & si l'on élargit en même-temps toutes les rues qui environnent cette Eglise, on y abordera commodément. Quelque jour on abattra le vieux Hôtel-de-Ville, & cet amas de vielles maisons qui masquent le portail de saint Gervais, alors cette Eglise & celle de saint Jean en Gréve seront accessibles. En général il faudroit que les Eglises fussent des bâtimens isolés, & qu'il y eut de larges rues tout au tour. Il n'est pas impossible d'en venir à bout dans Paris même, si on le veut bien. On a tort de dire que le terrein est trop précieux. Ce sont les rues qui font le grand prix du terrein. Une nouvelle rue que l'on perce, outre la facilité des communications qu'elle augmente, donne au terrein qu'elle traverse une valeur qu'il n'avoit point. Le propriétaire aquiert des emplacemens où il peut bâtir, ou qu'il peut vendre. On met en grand rapport ce qui ne produisoit rien ou peu de chose. Ainsi on ne peut trop ouvrir de nouvelles routes dans cette forêt de maisons qui composent Paris, & où la grande étendue des massifs enléve beaucoup de terrein au commerce.

La position des Eglises doit-elle être d'Occident en Orient? On l'a cru & on l'a pratiqué généralement pendant bien des siécles. De toutes les Eglises anciennes, la seule Basilique de saint Pierre du Vatican s'est trouvée bâtie dans la position contraire, c'est-à-dire, que tandis que les autres avoient la porte à l'Occident & le chevet à l'Orient, celle-ci avoit la porte à l'Orient & le chevet à l'Occident. Il est à présumer que la seule raison qui détermina du temps de Constantin à placer ainsi cette Basilique, c'est que le premier oratoire qui renfermoit les cendres du Prince des Apôtres, étoit au-bas de la montagne du Vatican. Il auroit fallu couper cette montagne pour s'étendre du côté de l'Occident. On prit donc le parti d'établir l'abside de la Basilique au-dessus du tombeau ou de la confession de saint Pierre à l'Occident, & on prolongea la nef & les collatéraux du côté de l'Orient. La nouvelle Basilique a suivi la position de l'ancienne, parce qu'on n'a point voulu toucher au tombeau de ſaint Pierre, & qu'un reſpect religieux a inſpiré de le laiſſer dans le même endroit où les premiers Chrétiens l'avoient placé.

L'attention conſtante qu'on a eue dans tous les ſiécles, de mettre dans nos Egliſes l'Autel à l'Orient & la porte à l'Occident, eſt très-remarquable. Il peut très-bien ſe faire qu'on n'y ait été déterminé d'abord que par des raiſons myſtiques, qu'on ait cru que cette poſition étoit plus propre à rappeller aux fidéles la contrée où le Myſtere de la Rédemption s'étoit accompli, & d'où la lumiere de la foi s'étoit répandue dans le reſte du monde. La force de l'habitude a conſervé cette poſition dans les ſiécles où l'eſprit de routine & d'imitation décidoit de tout. On ne s'en eſt écarté que dans ces derniers temps, où les gênes d'un terrein aſſujetti ont fait pluſieurs fois négliger la pratique ancienne.

Mais enfin, ſans inſiſter ſur les motifs qui ont déterminé les premiers Chrétiens, & qu'on ſeroit tenté aujourd'hui de regarder comme ſuperſtitieux & puériles, il eſt certain que la poſition des Egliſes d'Occident en Orient eſt la plus heureuſe & la plus favorable qu'on pût choiſir. Elle répand la lumiere ſur l'édifice avec le plus grand avantage. C'eſt vers ſa partie la plus brillante que le Soleil darde ſes premiers rayons. La lumiere en naiſſant, pénétre dans tous les jours du rond-point, & y jette un éclat extraordinaire. Durant la journée, l'Egliſe eſt éclairée dans ſa longueur. A midi la lumiere remplit la croiſée, & au Soleil couchant, un nouvel éclat pénétrant à travers les vitreaux du portail, ſe répand tout le long de la nef juſqu'au fond de l'Egliſe. Cette diſtribution de lumiere a des avantages très-ſenſibles dans les Egliſes gothiques dont les percés ſont dignes d'admiration, & ne peuvent être trop imités. Qui doutera que le bel effet qui en réſulte ne doive faire préférer cette poſition à toute autre ? Ainſi tant qu'on le pourra, on ne peut mieux faire que de s'y aſſujettir. Il eſt heureux qu'il ſe ſoit préſenté des obſtacles au deſſein qu'on avoit eu d'abord de planter la nouvelle Egliſe de ſainte Geneviéve du Nord au Midi. Son plan a été retourné d'Occident en Orient, & cela vaut beaucoup mieux. Il eſt vrai que le Sanctuaire de cette Egliſe devant être terminé quarrément, & ſans aucun des percés qui rendent l'aſpect des ronds-points gothiques ſi ſéduiſants, on n'y éprouvera qu'imparfaitement les beaux effets de lumiere dont je parle. Mais du moins l'avantage du jour y ſera tel qu'il peut être.

Il faudroit devant le portail d'une Egliſe, ou une grande place, ou du moins une rue dans l'alignement de la porte du milieu. La nouvelle Egliſe de la Magdelaine, aura par cet endroit un avantage au-deſſus de toutes les Egliſes de Paris & preſque de l'Europe entiere. Son portail ſera en face de la rue Royale que l'on conſtruit, & qui conduira à la place de Louis XV. La vue de cette place & des Hôtels qui ſont au-delà de la riviere, procurera à ce portail le plus magnifique des aſpects. Cet avantage méritoit bien qu'on lui ſacrifiât la poſition d'Occident en Orient.

A Sainte Geneviéve, on a le projet, outre la place qui doit accompagner le portail, de percer vis-à-vis la porte du milieu, une grande rue, que l'on eſpére prolonger juſques au jardin du Luxembourg. On pourroit devant ſaint Roch, donner à la rue du Dauphin, toute la largeur du portail. On devroit diriger dans le même ſens l'alignement de la rue Couture-Sainte-Catherine, vis-à-vis le portail de l'Egliſe S. Louis, rue S. Antoine. Pourquoi n'ouvriroit-on pas une rue vis-à-vis ſaint Euſtache, & en face de toutes nos grandes Egliſes. Paris ſeroit embelli par ces changemens, & il n'en deviendroit que plus commode & plus habitable.

Les Palais des Princes ſont mieux à l'extrémité que dans le centre des Villes, parce que les embarras y ſont moindres, l'air plus ſain, le terrein plus libre & moins aſſujetti. Il faut que les Palais des Princes ſoient précédés de grandes cours & accompagnés de jardins vaſtes, que le bâtiment iſolé rende les abords commodes, & les aſpects dégagés; que l'appartement jouiſſe d'un jour plein, & que l'air circule autour avec liberté. Rien de tout cela ne peut avoir lieu dans le centre d'une Ville. Le Palais des Tuileries a la plûpart de ces avantages. Il ne lui manque qu'une avant-cour qu'il ſeroit aiſé de lui donner, en y conſacrant ce qu'on nomme la place du Carrouſel, & une avenue en face de la principale entrée, qu'on pourroit procurer également en perçant une rue au travers des maiſons qui ſont entre le Carrouſel & la place du vieux Louvre, ſur l'alignement des principales portes de ces deux Palais. Cette rue biaiſeroit un peu à la vérité. Mais ce défaut devenu malheureuſement inévitable, à cauſe de la faute qu'on a faite originairement, de ne pas aligner exactement ces deux portes, ſeroit préférable à ce qui exiſte. Le Palais du Luxembourg réunit tous les avantages de poſition dont nous venons de parler. On n'auroit qu'à prolonger la rue de Tournon juſques au carrefour de Buſſi, & on augmenteroit de beaucoup la commodité & l'agrément de l'avenue de ce Palais. Il s'en faut bien que le Palais-Royal ait relativement à ſa poſition les avantages des deux autres. On projette d'agrandir la place qui eſt en avant de ce Palais, & de l'aligner ſur la grande porte d'entrée, qui ſera déſormais au milieu du bâtiment. Cette réparation donnera à ce Palais une commodité & un agrément qu'il n'avoit point. Mais ſes jardins entourés de maiſons auront toujours un aſpect triſte, & l'air n'y circulera jamais que difficilement. C'eſt un défaut auquel la poſition de ces jardins ne ſouffre aucun remède.

Il faut que les Palais des Princes ſoient à l'abri des mauvais vents, & qu'on les place dans l'endroit où l'air eſt le plus pur & où l'eau eſt la plus ſalubre. A Paris, le Nord, le Sud & l'Oueſt, ſont les plus mauvaiſes expoſitions, parce que les vents les plus froids & les plus humides nous viennent de ces trois points de l'horiſon; & c'eſt préciſément à tous ces mauvais vents que les trois Palais dont je viens de parler, ſe trouvent expoſés, celui des Tuileries eſt à l'Oueſt, le Palais-Royal eſt au Nord, & le Luxembourg au Sud. On avoit eu autrefois le projet de placer la demeure de nos Rois dans l'iſle ſaint Louis, & d'y conſtruire un Palais qui embraſſât toute l'iſle. Cette idée étoit très-belle. En ſuppoſant une large rue, percée depuis la ſtatue d'Henry IV, juſques à la pointe de la Cité, & un pont de communication dans cet alignement, on ſeroit entré dans pluſieurs cours. Le corps de logis principal du Palais auroit été expoſé à l'Eſt, qui eſt l'expoſition la plus ſaine. La riviere en face auroit pu être alignée & former le plus beau de tous les canaux. Les jardins commencés à la pointe de l'iſle S. Louis, auroient pu s'étendre ſur le terrein de l'isle Louviers & de l'Arcenal, par des ponts de communication, & s'y diversifier d'une maniere très-piquante. L'eau de la riviere seroit parvenue dans ce Palais avec toute sa pureté & sans être impregnée des ordures sans nombre que tous les ruisseaux y traînent au milieu de la Ville, où elle n'est qu'un grand & affreux égout. Qui peut douter que cette position ne fût préférable à toutes les autres?

Je dirai en passant, au sujet de l'eau, que quoique les entrepreneurs des eaux épurées du port à l'Anglois n'aient pas réussi, parce qu'ils avoient mal combiné leur projet, il n'en est pas moins certain que c'est de-là qu'on devroit tirer toute l'eau qui se boit à Paris; là qu'il faudroit transporter les pompes du pont Notre-Dame & de la Samaritaine; là qu'il faudroit construire un immense réservoir bien sablé, pour y faire passer toute l'eau qui doit se distribuer dans nos fontaines. On auroit alors l'eau de la seine sans mêlange, & les impuretés dont elle se charge en recevant la marne & en traversant Paris, cesseroient d'altérer la santé des Citoyens.

Les lieux où l'on rend la Justice, doivent être placés dans les Villes, fort près du centre, avoir devant eux une grande place, & être entourés de rues larges & bien percées. La nécessité de les mettre à portée de tous les Citoyens, la sûreté même & la bienséance exigent cette position. Ce qu'on nomme à Paris le Palais, où toutes les Cours supérieures tiennent leurs Séances, est au centre de la Ville, mais dans la position d'ailleurs la plus incommode, parce que c'est une isle entourée de rues étroites, ayant pour tout dégagement une cour informe & peu grande, & pour tout débouchés le pont-neuf, & quatre autres ponts où la voie n'est point suffisamment élargie. L'ancien usage de rendre la Justice dans le Palais de nos Rois a établi les séances des Cours supérieures dans ce lieu, qui bien avant saint Louis, & long-temps après lui, étoit la résidence des Monarques François.

Rétablissons cet ancien usage. Transportons toutes les Cours supérieures au vieux Louvre. Il y a de l'espace pour les y mettre & pour leur donner l'aisance & les commodités dont elles ont besoin. On pourroit céder à la Ville le terrein du vieux Palais, à condition qu'elle se chargeroit 1°. de faire achever le Louvre, 2°. de faire percer au travers de la Cité une grande rue, alignée par un bout à la ſtatue d'Henry IV, & par l'autre à la rue ſaint Louis dans l'iſle de ce nom, 3°. de bâtir ſur cet alignement le pont de communication entre les deux iſles, 4°. d'entourer de quais toute la Cité. A ces conditions, elle jouiroit de tout le terrein du vieux Palais, & pourroit y bâtir à ſon profit. Ce premier arrangement devroit être ſuivi d'un ſecond. La place devant la colonnade du Louvre eſt encore à faire. On pourroit ſur les deux côtés qui reſtent à conſtruire, placer l'Hôtel de-Ville, la Monnoye, le Châtelet, le Grand-Conſeil & toutes les Accadémies. La Ville pourroit encore ſe charger de faire les frais de tous ces bâtimens, moyennant le terrein du Châtelet qu'on lui céderoit, & où elle perceroit une rue en alignement avec le Pont-au-Change & la rue ſaint Denis.

Il faudroit en face de la colonnade du Louvre & ſur l'alignement de la grande porte d'entrée, percer une rue que l'on prolongeroit avec le temps. Il faudroit en percer deux autres aux deux angles de la place, vis-à-vis de la riviere, & les prolonger de même. En donnant une forme réguliere à l'endroit connu ſous le nom de place du vieux Louvre, en alignant les rues Fromenteau, S. Thomas du Louvre, S. Nicaiſe, & faiſant aboutir toutes les trois à un grand guichet, ouvert en face ſur la riviere, en alignant une rue pareille, depuis le nouveau guichet juſques à la rue ſaint Honoré, en donnant enfin de l'alignement & plus de largeur à toutes les rues qui aboutiſſent par un bout à la rue ſaint Honoré, & par l'autre à l'un des côtés du Louvre. Ce morceau de Ville deviendroit d'une beauté & d'une commodité parfaite; & il y auroit une infinité d'accès vers le Sanctuaire de la Juſtice, majeſtueuſement établi dans le plus grand Palais de l'Univers.

S'il n'y a qu'un ſeul Collége dans une Ville, on doit le placer vers le centre & dans un endroit d'où les communications multipliées banniſſent les embarras. S'il y en a pluſieurs, ils doivent être diſtribués dans les différents quartiers de la Ville pour la commodité des Citoyens. C'eſt contre toute raiſon que dans Paris les Colléges ſe trouvent entaſſés dans un ſeul & unique quartier. Il en réſulte pour le plus grand nombre des Citoyens un éloignement qui rend la fréquentation de ces Colléges impraticable. Chaque quartier devroit avoir le sien, & cet arrangement pourroit se faire sans dépense, en prenant pour cela dans chaque quartier une des maisons Religieuses qui s'y rencontrent, & en transportant la Communauté dans quelqu'un des anciens Colléges.

Les places sont nécessaires dans les Villes, ne fut-ce que pour les aërer, pour leur donner du jour, pour dissiper plus aisément l'humidité des rues & leurs mauvaises odeurs. Plus la Ville est grande, plus il faut multiplier les places, comme on multiplie les découverts dans un parc, à proportion de son étendue. La position naturelle des places est dans les carrefours ou plusieurs rues se croisent. Leur grandeur prévient les embarras que la coincidence de ces rues occasionne nécessairement; & ces rues multipliées présentent des percés avantageux, qui rendent les abords & les débouchés de la place plus agréables & plus commodes.

Nous n'avons pas assez de places dans Paris où l'immensité de la Ville en exigeroit un très-grand nombre; & le peu que

que nous avons ſe trouve dans la poſition la moins avantageuſe. La ſeule place des Victoires eſt dans un vrai carrefour. On pourroit donner à la Place Royale un dégagement qu'elle n'a point. Pour cela il ſuffiroit d'abbatre le gros pavillon qui eſt du côté des Minimes & celui qui lui eſt parallele, de prolonger la rue Royale juſques à la riviere, en ouvrant au travers des maiſons, & dans cet alignement, une communication dont ce quartier a très-grand beſoin. Il faudroit abbatre encore le pavillon qui eſt vis-à-vis le pas de la mule, ouvrir le cul-de-ſac de Guimené, & percer à l'autre bout une rue parallele. Moyennant ces changemens, la Place Royale auroit la commodité & la gaité qui lui manquent. On ne doit jamais perdre de vue, qu'ouvrir de nouvelles rues dans une Ville, c'eſt faciliter les communications & multiplier les logemens, & par conſéquent la rendre plus commode & plus habitable. C'eſt une deſtruction apparente, mais qui réellement donne plus de champ pour édifier.

Il n'y a qu'une choſe à faire pour la place de Vendôme, tranſporter ailleurs les Capucines, empiéter ſur le terrein des

Feuillans, & percer une rue qui, d'un côté aboutira au rempart, & de l'autre à la terrasse des Tuileries.

La place de Gréve est dans une assez bonne position, mais on n'y aboutit que par un quai assez étroit & par plusieurs méchantes petites rues. Si on veut absolument y conserver l'Hôtel-de-Ville, que l'on abbate l'ancien, & qu'on élargisse la place de tout le terrein qu'il occupe. Alors on pourra construire en face de la riviere un nouvel Hôtel-de-Ville, & disposer réguliérement les deux autres côtés de la place. Aux deux coins du nouvel Hôtel-de-Ville, on percera deux larges rues que l'on prolongera jusques à la rue de la Verrerie & au-delà. On alignera une rue depuis celle de S. Pierre des Arcis jusques au portail de saint Jean en Gréve. On percera dans un alignement parallele, depuis la rue de saint Pierre des Arcis, jusques au Cimetiere saint Jean & par-delà. On percera une derniere rue depuis la Gréve jusques au portail de S. Gervais. Alors cette place sera ce qu'elle doit être; & ce quartier qui est aujourd'hui presque sans communication, communiquera aisément avec tous les autres

Nous avons dans Paris divers carrefours où il feroit aifé de conftruire des places. Tels font la bute faint roch, le carrefour de Buffi, la Croix rouge, la halle près faint Euftache, la place Maubert, le derriere du grand Châtelet ou l'Aport de Paris. En coupant les angles des maifons qui aboutiffent à ces carrefours l'on gagneroit du terrein, & dès qu'on a de l'efpace il eft facile de difpofer les chofes réguliérement. Dès lors il ne feroit plus queftion que d'élargir les rues, de les aligner & de les prolonger. On vient à bout de tout avec le temps.

On pourroit faire du Cimetiere faint Jean une place très-commode, en lui donnant une forme réguliere, & en perçant à chacun de fes angles des rues que l'on prolongeroit comme toutes les autres, fans s'arrêter à d'autre obftacle qu'à la rencontre de quelque édifice public auquel on ne peut toucher.

Lorfque toutes les places dont je viens de parler feront faites, & que nous aurons celles de faint Sulpice, de fainte Geneviéve & du Louvre, nous aurons en ce genre à-peu-près ce qu'il nous faut.

La nouvelle place de Louis XV, sera après-tout un grand & beau morceau; mais on ne peut lui donner le nom de place que très-improprement. Elle n'est point un des carrefours de la Ville, elle n'a pas même l'air d'être dans son enceinte. Entourée de jardins & de bosquets, elle ne présente que l'image d'une esplanade embellie au milieu d'une campagne riante, & d'où l'on apperçoit divers Palais dans l'éloignement.

Les Hôpitaux ne sont convenablement placés qu'à l'extrémité des Villes, & à une assez grande distance pour que la libre circulation de l'air dissipe les vapeurs malignes qui s'en exhalent & les empêche d'infecter les Citoyens. L'Hôtel-Dieu placé dans le centre de Paris, est dans la position la plus incommode pour le service des malades, & pour l'air empoisonné qu'il entretient au milieu de nous. Il y a long-temps qu'on desire & qu'on demande que cet Hôpital soit transporté ailleurs, & sur une des rives de la riviere au-dessous de Paris. Que d'avantages il en résulteroit. On ne verroit plus la maladie & la mort siéger habituellement au centre de cette Capitale. L'eau de la seine que l'on boit cesseroit d'être chargée des ordures pestilentielles que cet Hôpital y verse chaque jour. On ne seroit plus dans le cas d'entasser inhumainement cinq ou six malades dans le même lit, & de voir les morts & les mourants couchés pêle mêle. Le projet d'élargir le parvis de Notre-Dame, & de faire un quai depuis le petit pont en tournant autour de la Cité, souffriroit bien moins de difficultés. On embelliroit, on rendroit commode & sain ce centre de Paris, qui est aujourd'hui plus infect, plus sombre, plus inhabitable que tout ce qu'on voit ailleurs de plus affreux. Dira-t'on que le transport des malades à un Hôtel-Dieu si éloigné seroit sujet à inconvénient ? Rien n'empêcheroit de conserver dans la Cité un dépôt sur la riviere, où l'on présenteroit les pauvres malades, & d'où on les transporteroit dans des bateaux couverts, & dès lors plus d'inconvénient.

J'en dis de même des Cimetieres. Il est contre toutes les régles de la Police, de les laisser subsister au milieu de Paris. Pourquoi ne les place-t'on pas tous hors de la Ville & en plein air ? Pourquoi souffre-t'on que les morts aient leur sépulture au milieu des vivans, & qu'un corps dans la fosse à demi-couvert de terre, attende habituellement d'autres corps jusqu'à ce que la fosse se trouve remplie ? Pourquoi ne soustrait-on pas aux yeux des Citoyens cet horrible spectacle ? Pourquoi ne les sauve-t'on pas du péril qui en résulte pour leur santé ? Comment permet-on que l'on enterre dans les Eglises, & que la pourriture des cadavres dégoûte les fidéles du Culte de la Divinité ? Passe pour celles qui ont des souterrains profonds & bien voutés. Si l'on juge qu'il soit bien nécessaire ou bien utile d'avoir de ces lieux choisis pour certains morts de distinction, à la bonne-heure. Mais pour tous ceux qui n'ont pas de cavots bien fermés, il faudroit une loi qui obligeât de les enterrer hors de la Ville. Après que les Prêtres auroient conduit le corps à la Paroisse, l'un d'eux l'accompagneroit jusques au bord de la riviere, ou les fosseyeurs le recevroient dans un bateau & le transporteroient au Cimetiere.

J'ai parlé jusqu'à présent des édifices publics. Pour les maisons particulieres, leur position est assujettie au terrein que chacun peut se procurer selon sa fortune. Je dirai cependant en général qu'il seroit à desirer que dans l'intérieur d'une Ville comme Paris, le devant des maisons sur la rue servît de logement aux Bourgeois & aux gens les moins riches, & que l'espace contenu entre ces maisons pût être divisé, de maniere qu'on y construisît des maisons isolées par des cours & de petits jardins pour ceux qui veulent être logés plus au large & à l'abri du bruit. Chacune de ces maisons isolées pourroit avoir sa porte cochere sur la rue. Les cours & les jardins leur donneroient de l'air; les maisons *ambiantes* jouiroient de ce même air & de celui de la rue. Ainsi elles se serviroient réciproquement sans s'incommoder & sans se nuire.

A la campagne on a plus de liberté que dans les Villes pour bien situer les maisons. La premiere attention qu'on doit avoir, c'est de les mettre à couvert des mauvais vents, en leur donnant l'abri d'une montagne ou d'un bois. On doit ensuite choisir le plus bel aspect du lieu, pour leur procurer tous les agréments de la vue dont le paysage voisin est susceptible. On doit éviter les fonds à cause de l'humidité, & les hauteurs dont la pente est trop roide. Il faut les mettre à portée d'avoir de l'eau.

Tout cela a été négligé dans plusieurs des maisons Royales, & principalement à Versailles. On a bâti ce superbe Château dans le désert le plus sombre & le plus aride, & où tout l'Art imaginable employé à l'embellir, n'a pu lui procurer un seul aspect satisfaisant. On l'a élevé sur un plateau que rien ne couvre, & où il est exposé à tous les vents. Il a fallu forcer la nature par des machines d'un travail immense pour y porter de l'eau. A Compiegne, le Château qui, tourné du côté de la riviere auroit eu des points de vûe assez agréables, a son aspect dirigé vers la forêt, objet triste par lui-même, & qui ne laisse à découvert qu'un terrein sablonneux & sans culture. A Fontainebleau, le Château est dans un fond environné de forêts, & des tas de roches & de sables lui présentent la perspective la plus agreste. A Meudon, la vue s'étend à des distances infinies, & sur une foule d'objets extrêmement variés. Mais outre que cette vue est trop plongeante, on n'en jouit que dans l'avant-cour. L'appartement est tourné sur une vallée sombre & sauvage. En arrivant au Château on voyoit l'Univers, est-on entré dans le jardin, on se croit dans une Thébaïde.

A Choisi, le Château élevé en terrasse sur la riviere, est dans une position assez avantageuse; mais une vue rasante & un petit nombre d'objets apperçus confusément sur des côteaux trop éloignés, rendent les aspects du Château médiocrement intéressants. On n'auroit rien à dire à S. Germain, si la montagne étoit abordable & moins escarpée sur la riviere, si la plaine qui est au bas, garnie d'objets plus riants, se trouvoit plus d'accord avec les riches côteaux qui l'entourent. Bellevue moins élevé & plus à l'abri remplit la signification de son nom, par la multitude & la diversité des aspects, par la bizarrerie & le piquant des sites, parce qu'on y trouve réuni & rapproché tout ce qui peut rendre un paysage intéressant.

Je m'étonne que nos Rois qui aiment la magnificence, & qui sont maîtres de choisir, aient négligé de bâtir sur le plateau charmant de Juvisi, d'Atis & de Mons. Qu'il leur auroit été aisé d'y faire à peu de frais des choses ravissantes! Que de commodité dans la plaine qui le précéde pour y dessiner un grand parc & les plus belles avenues! Que d'heureux accidens dans les jardins en pente vers la riviere, où la belle nature n'auroit eu besoin que d'un peu d'Art pour étaler mille graces, & faire naître par-tout le plaisir! La seine en face & faisant canal presque depuis Corbeil, auroit ajouté un nouvel enchantement à toutes les autres merveilles. Le contraste des plaines & des côteaux auroit présenté dans cet endroit délicieux le tableau le plus frappant & la scene la plus magnifique.

CHAPITRE II.

De la forme des bâtimens.

NOUS ne varions point assez les formes de nos édifices, nous qui sommes variables en tout le reste. Ne nous lasserons-nous point de n'être en cette partie que les serviles imitateurs de ceux qui nous ont précédé. Rien ne prouve mieux le manque de génie de nos Architectes & la stérilité de leurs idées, que l'uniformité insipide qui régne dans leurs plans.

Nos Eglises ont presque toutes la même forme. Une nef, une croisée, un chœur, des bas-côtés autour, & des Chapelles en enfoncement, voilà ce que les siécles de la Barbarie nous ont transmis, & à quoi nous nous sommes généralement astreints. Le siécle passé a produit quelques petites rotondes, nous avons pris de l'Italie l'usage des dômes, un Mansard a inventé celui des Invalides & nous a donné une Eglise sur un plan nouveau. Si on l'excepte, toutes les autres Eglises sont à peu de chose près, pour la forme, ce qu'elles étoient au douzieme siécle.

On croyoit sans doute avoir épuisé toutes les formes possibles, car dans tous les genres il est ordinaire de couvrir le défaut d'invention en supposant que tout est épuisé. Cependant dès que nous avons eu parmi les Architectes un homme de génie, il nous a donné un plan d'Eglise tout neuf.

La forme de la nouvelle Eglise de Ste Geneviéve est en croix gréque, c'est-à-dire, à quatre croisillons égaux. Quatre massifs isolés portent un dôme dans le milieu. Les quatre croisillons formant chacun un quarré parfait avec des avant-corps quarrés à tous les angles, se raccordent à ce dôme avec beaucoup d'art & de simmétrie. Des péristiles de colonnes isolées sont au pourtour des quatre croisillons & des seize avant-corps. Ces péristiles portent l'entablement en platte-bande, & sont couverts par des plat-fonds quarrés entre les traverses d'architrave. On monte à ces péristiles par un perron de plusieurs marches continues, & qui sont prolongées d'un avant-corps à l'autre. Ces péristiles découvrent derriere les massifs du dôme des percés qui produiront un effet extraordinaire, & qu'on n'a point encore vu. Les voutes en berceau sur les avant-corps des croisillons & en petites coupoles sur leur parties quarrées, forment avec la grande calote du dôme une harmonie & des contrastes qu'on ne trouve point ailleurs. Tous les croisillons sont terminés quarrément. Tous les péristiles forment d'un bout à l'autre des enfilades sans interruption. Le portail enfin de cette Eglise, imité d'après les plus beaux ouvrages de l'antique, en égalera la magnificence & les surpassera du côté de la correction.

Je sçai bien qu'il s'est élevé depuis peu un cri général contre la forme de cette Eglise. On a poussé la mauvaise humeur à son égard, jusqu'à soutenir, à la vérité sans preuves, qu'elle étoit défectueuse en tout point. Les yeux sont accoutumés à une longue nef, à une croisée plus courte, à un petit chœur, & à des bas côtés autour plus ou moins larges. On n'a rien trouvé de tout cela dans la nouvelle Eglise, & on a conclu hardiment que c'étoit l'ignorance même qui en avoit tracé le plan. Je conviens que dans la nouvelle Eglise de sainte Geneviéve, il n'y a ni nef, ni chœur, ni croisée, ni bas-côtés comme on les entend communément. Mais ne peut-on rien faire de bien dans une Eglise sans s'assujettir à toutes ces formes gothiques? Est-il essentiel qu'on ne s'en écarte jamais? Qu'elle est la nécessité, l'utilité ou la bienséance qui impose cette loi bizarre? Hommes esclaves de l'habitude, hommes incapables de vous élever au-dessus des idées communes, admirez un ouvrage où doit régner le sistême d'Architecture le plus parfait qui fut jamais, un ouvrage où tout est dans la symétrie la plus réguliere & la plus exacte, où cependant tout est habilement diversifié, un ouvrage dont toutes les parties liées par une harmonie frappante, composent le plus beau tout & le mieux assorti, un ouvrage dont les effets seront singuliers, majestueux, sublimes, un ouvrage qui sera unique dans l'Europe, & qui fera époque dans l'Histoire de l'Architecture, où il sera cité comme le premier & le plus beau des monumens depuis la renaissance des Arts.

On a critiqué la multitude & le rapprochement des colonnes dans l'intérieur de cet édifice. Se peut-il que de pareilles erreurs trouvent crédit parmi des gens qui se piquent d'aimer les Arts & de s'y connoître ? Les colonnes peuvent-elles être trop multipliées ? Peut-on les serrer de trop près ? N'est-ce pas l'âpreté des entre-colonnemens qui produit les plus grands & les plus beaux effets de ce sistême d'Architecture ? Voyez les ouvrages des Anciens, observez leurs péristiles dont la magnificence vous frappe, mesurez les distances des colonnes & convainquez-vous. Lisez le discours judicieux de M. le Roi, sur les formes des Eglises, méditez ce qu'il dit sur l'effet des percés, & renoncez à vos préventions injustes.

On a blâmé la position de la châsse dans le centre du dôme, & la double rampe qui conduit à l'Eglise souterraine. Cette disposition est en soi très-étrangere au grand mérite du plan. Si pourtant on veut bien considérer que la châsse de sainte Geneviéve est ici l'objet spécial de la dévotion, cet objet peut-il avoir une place plus convenable à tous égards que dans le centre de l'édifice où il est en vue à tous les spectateurs. C'est pour cet objet que le monument est bâti, c'est vers lui que tout est dirigé, à lui que tout se rapporte. Huit Chapelles ſur les huit faces extérieures des maſſifs du dôme, donnent toute la commodité dont on a beſoin pour les Meſſes votives. Ces Chapelles iſolées dans les huit avant-corps qui flanquent ces maſſifs, ſe trouvent placées auſſi décemment qu'on le peut deſirer, & dans chacun des quatre croiſillons on verra la châſſe au centre & un Autel de chaque côté. Quoiqu'on en diſe, cette diſpoſition eſt admirable, & penſée avec beauconp de jugement.

Quand à la double rampe qui conduit à l'Egliſe ſouterreine, c'eſt une imitation de ce qui a été pratiqué à la confeſſion de ſaint Pierre. A la vérité on trouve ici deux différences bien eſſentielles. La premiere, c'eſt que l'Egliſe ſouterraine de ſainte Geneviéve n'a aucun objet connu qui puiſſe intéreſſer la piété des fidéles. Dès lors il eſt inutile de leur montrer un eſcalier pour y deſcendre. La ſeconde, c'eſt qu'à la confeſſion de ſaint Pierre l'ouverture eſt très-grande, & qu'on deſcend par un eſcalier dont l'étendue & les vuides ont de la majeſté; au lieu qu'ici ce ſont deux petites rampes tournantes autour de la baſe du piédeſtal de la Châſſe, ce qui leur donne l'apparance d'une deſcente de cave. Peut-être feroit-on beaucoup mieux de les ſupprimer, d'autant plus qu'elles rétreciſſent le paſſage dans l'endroit de l'édifice où l'affluence doit être la plus grande.

Le plan de la nouvelle Egliſe de la Magdelaine eſt bien inférieur à celui de ſainte Geneviéve. C'eſt avec quelques changemens, l'ancienne forme de la croix latine, avec nef, chœur, croiſée & bas côtés. Il n'y a de particulier que l'eſpéce de baldaquin conſtruit pour l'Autel, au centre de la croiſée. Ce ſont quatre groupes de colonnes dont l'entablement extérieur recevra la retombée des voutes de la croiſée. C'eſt-à-dire que dans ce cèntre où devroit être la plus grande élévation des voutes, elles paroîtront ſe rabaiſſer, fondre de toutes parts pour écraſer le milieu, & pour n'appuyer qu'un diminutif de dôme au-deſſus de l'Autel. Je doute que cette diſpoſition antipyramidale faſſe de l'effet, & j'avoue que je ne l'aurois jamais conſeillée.

Que de formes différentes on pourroit donner à nos Egliſes. Un plan triangulaire dont les trois angles ſeroient coupés à pans, donneroit une forme agréable & nouvelle. On construiroit trois péristiles sur les trois faces du triangle avec une porte dans chacun des trois milieux, sur les trois pans coupés on construiroit trois coupoles qui auroient chacune un Autel dans le centre. La voute du triangle seroit formée par trois espéces de trompes raccordées dans le milieu à un grand œil rond, sur lequel on éléveroit une lanterne, où que l'on couvriroit avec de simples glaces.

On pourroit choisir le quarré parfait pour un autre plan d'Eglise. Ce seroit un grand quarré dans le milieu dont on formeroit la voute en arc de cloître, & plusieurs files de colonnes formeroient des péristiles autour de ce quarré. L'usage du quarré-long seroit également avantageux. Des péristiles sur trois côtés du quarré formeroient les collatéraux de l'Eglise. Le côté vers l'Autel seroit divisé en trois parties, une grande dans le milieu & deux petites. Celles-ci formeroient deux petits entre-colonnemens. Celle-là seroit occupée par une grande arcade dont le ceintre porteroit sur l'entablement des colonnes. On placeroit l'Autel principal sous cette arcade & le chœur seroit derriere. On pourroit dans un plan de cette eſpéce, pratiquer le long des périſtiles des Chapelles en enfoncement, en leur donnant la largeur ou d'un ſeul entre-colonnemet ou de trois. Ce plan dans ſa ſimplicité ſeroit très-beau & très-convenable pour une Egliſe Paroiſſiale.

Pourquoi n'employeroit-on pas la loſange en coupant ſes angles comme au plan triangulaire? Il y auroit un périſtile ſur chacune de ſes faces. A chacun des pans coupés il y auroit une coupole, dont l'une ſerviroit de veſtibule & d'entrée, & les trois autres auroient chacune un Autel à leur cente. Outre la loſange à angles droits, on pourroit faire uſage de la loſange à angles obtus & aigus, pour avoir le moyen d'allonger & de retrécir l'édifice à volonté. La voute ſeroit formée par quatre trompes raccordées à un œil de lanterne.

Les plans en forme de croix gréque peuvent être variées de bien des manieres. On peut conſtruire un grand dôme dans le milieu, accompagné de quatre croiſillons, terminés chacun en forme de miroir, avec des périſtiles au pourtour des croiſillons & des maſſifs du dôme. On peut flanquer un dôme principal, de quatre rotondes ſubalternes, & raccorder leurs périſtiles, de maniere qu'on circule aiſément autour des cinq coupoles. On peut élever un dôme ſur un périſtile circulaire, & dans le renfoncement de ce périſtile diſpoſer en croix quatre parties quarrées. On peut à une grande partie quarrée dans le milieu, joindre quatre croiſillons qui aillent en ſe retréciſſant, de maniere que ſi le milieu a ving toiſes, la partie des croiſillons qui ſuit n'en ait que quatorze, & enſuite une autre qui n'en ait que huit, & une derriere qui n'en ait que quatre, & qui ſe termine en rond-point. Cette inégalité de longueurs & de hauteurs feroit beaucoup d'effet, ainſi que la diverſité des périſtiles qu'elle occaſionneroit néceſſairement.

Je n'ai indiqué qu'un petit nombre de formes poſſibles. Il y en a une infinité d'autres que le génie peut inventer, ſoit en faiſant uſage des poligones, ſoit en mêlant les lignes droites avec les courbes.

Les Palais parmi nous ont la plûpart des formes aſſez communes, & ſont bâtis d'après des plans ſans invention. Le Louvre n'eſt qu'une grande maſſe quarrée. Les Tuileries ne sont qu'un long bâtiment. Il n'y a dans l'un & dans l'autre pour interrompre la monotonie, que quelques inégalités médiocres d'avant & d'arriere-corps, dont l'effet plus sensible aux Tuileries qu'au Louvre, n'est ni bien tumultueux ni bien extraordinaire dans aucun des deux. Aux Tuileries du côté des cours tout est encore à faire. Les murailles indignes qui forment l'enceinte de ces cours deshonorent l'habitation du plus grand des Rois. Comment les a-t'on laissé subsister si long-temps dans l'affreux désordre où elles sont? Il faudroit donner à la cour Royale toute l'étendue de cette partie de la façade où l'ordre ionique régne au rès-de-chaussée. Il faudroit continuer cet ordre en péristile au pourtour de cette cour, & en marquer l'entrée par une grande arcade surmontée de l'Ecusson de France avec ses supports. On pourroit former le plan de cette cour par un mêlange de lignes droites & de portions circulaires. Il faudroit que la cour des Princes & la cour des Suisses, eussent trois côtés parfaitement égaux aux pavillons où régne le grand ordre composite. Il faudroit que le Carousel, disposé en avant-cour, fût décoré de bâtimens dont le plan pût produire divers accidens de forme. Alors ce grand Palais du côté des cours feroit aux yeux un fracas extraordinaire ; & en plaçant le ſpectateur dans la rue qui doit conduire de la place du vieux Louvre au Carouſel, il jouiroit du ſpectacle le plus auguſte & le plus pompeux.

Au Palais-Royal, il ſera toujours impoſſible de rien faire de grand, tant qu'on demeurera aſſervi à l'ancien plan de l'édifice. Il faudroit que l'on culbutât le corps de logis qui ſépare les deux cours pour n'en faire qu'une ſeule. Il faudroit au lieu de la galerie en terraſſe qui donne ſur le jardin, élever dans cette partie un nouveau corps de logis, qui fît avant-corps ſur les aîles, & qui eût dans le milieu un grand pavillon octogone. Il faudroit du côté de la place prendre en renfoncement dans la cour, une grande partie circulaire ouverte dans le milieu par une grande arcade, pour ſervir de porte. Il faudroit qu'un périſtile de colonnes occupât les deux ſegments entre cette porte & les deux pavillons ſur la rue, auxquels on pourroit donner une forme particuliere & nouvelle. Il faudroit que cette grande porte du milieu fût suivie d'un vestibule en dôme, & que des deux côtés du vestibule, un corridor menât en ligne droite à deux grands escaliers pour monter aux appartemens. Il y auroit du terrein pour faire tout cela. Ce Palais aujourd'hui assez médiocre par sa forme extérieure, aquerroit le plus grand air de majesté au-dehors, & il en résulteroit bien plus de commodité pour les dedans.

A Versailles le côté du Château sur les cours, est sur un plan qui sort des formes ordinaires & triviales, aussi fait-il le plus grand effet, malgré sa chétive construction en brique. Ce plan seroit irrépréhensible, s'il ne se terminoit pas en une cour excessivement petite, qui n'est plus la cour d'un grand Palais, qui n'est pas même celle d'un Hôtel tant soit peu au-dessus du commun. Il faudroit détruire en entier la cour de marbre, & élever en avant de cette cour sur l'alignement des deux grandes aîles du Château, un bâtiment composé d'un grand pavillon en avant-corps dans le milieu de forme mixtiligne, flanqué de deux galeries en péristile, terminé par deux autres pavillons capables de faire de l'effet par leur masse & par leur forme. Il faudroit y exécuter un ordre d'Architecture en grandes parties, qui se continuât sur les deux aîles de la cour Royale. Il faudroit terminer chacune de ces deux aîles par un pavillon de masse proportionnée & de forme assortie aux trois autres. Il faudroit décorer noblement, mais sans ordre d'Architecture, les deux bâtimens de l'avant-cour. Il faudroit enfin raccorder cette avant-cour avec les avenues par deux grands péristiles sur des portions circulaires. Il résulteroit de tout cela de l'harmonie & du contraste, de la symmétrie & des oppositions, un mouvement & un fracas prodigieux.

Le côté du Château de Versailles sur les jardins, est d'une forme très-insipide. Un grand quarré flanqué de deux longues aîles, en voilà le plan. Ici, nul contraste, nulle opposition. Aucune de ces inégalités de surface, sans lesquelles tout se réduit à un effet commun. Outre qu'il auroit fallu traiter beaucoup plus en grand l'Architecture de cette immense façade, il seroit à desirer qu'elle fût diversifiée par des pavillons fortement détachés, où l'on vît les lignes courbes contraster avec les lignes droites, les angles s'écarter de la trop grande de uniformité. Il seroit à desirer que d'un pavillon à l'autre il y eût au rès-de-chaussée des péristiles de communication, & qui fissent terrasse pour les appartemens du premier étage. Ces idées que je propose ne peuvent avoir lieu sans refaire tout à neuf. Elles serviront du moins à prouver combien on a peu réfléchi le plan de ce grand Palais, & à rendre raison de l'effet médiocre qu'il fait sur les jardins malgré son immense étendue.

Qu'on se souvienne en général que ce sont les formes des bâtimens qui en décident l'effet principal, qu'une forme commune produit nécessairement un effet commun, & qu'on ne peut varier les effets qu'en diversifiant les formes.

Les Hôtels de Ville & les Palais où l'on rend la Justice, fournissent à l'Architecte un champ avantageux où son génie peut s'exercer en liberté. Ici il faut de grandes salles, des galeries de communication, des bureaux, des greffes, des piéces immenses où la foule se rassemble. Il faut des effets singuliers & frappants. C'est ici qu'on peut planter sur de vastes perrons des péristiles de toute la hauteur du bâtiment, les interrompre par de grands pavillons de toute efpéce de forme, introduire des portions circulaires & des pans coupés, mettre de l'inégalité dans les furfaces & dans les hauteurs, tirer de cet induftrieux mêlange les plus merveilleux effets.

La forme la plus commode pour les Hôpitaux, feroit une croix de faint André avec l'Eglife en dôme dans le centre. Les extrémités des croifillons fe raccorderoient à des pavillons faifant angle droit en-dehors, & fuivant les lignes du quarré dans lequel la croix de faint André feroit infcrite. D'un pavillon à l'autre régneroit un périftile au rès-de-chauffée, avec une grande arcade fervant de porte dans le milieu. Un Hôpital bâti fur ce plan, auroit une forme fimple & point commune. Il feroit parfaitement aëré dans toutes fes parties, & on y introduiroit fans peine toutes les commodités. Si la croix de faint André ne fuffit pas, on peut choifir la forme octogone pour l'Eglife qui doit être toujours dans le centre, & fur l'alignement de chacune des faces, prolonger un corps de logis, terminé comme dans le plan précédent. De cette maniere on pourroit avoir dans chaque corps de logis trois étages de falles, capables de contenir chacune trois à quatre cent lits, & on auroit dans tous les pavillons de quoi placer à l'aiſe tout ce qui eſt néceſſaire pour le ſervice de l'Hôpital.

On doit diverſifier la forme des places comme celle des autres conſtructions. La Place-Royale eſt quarrée, celle des Victoires eſt preſque circulaire, celles de Vendôme & de Louis XV ſont quarrées, avec cette ſeule différence que leurs angles rentrants ſont effacés par des pans coupés. Les places nouvelles qui nous reſtent à conſtruire ſeroient inſipides ſi on n'y voyoit que la froide répétition des formes que nous avons déja. Un exagone ou un octogone avec des rues percées à tous les angles ſeroit une forme de place nouvelle & très-agréable. Un triangle dont les angles ſeroient arrondis, avec une rue percée au milieu de chaque face. Quatre portions circulaires flanquées chacune de deux retours en ligne droite, avec des rues percées au milieu des courbes & au ſommet des angles rentrants, & tant d'autres formes qu'on peut employer en mêlangeant artiſtement les lignes courbes, & les lignes droites produiroient les effets les plus variés. Aucune de nos places ne ſe reſsembleroient, & chacune auroit son agrément particulier.

Les places qui doivent servir de halles ne doivent pas plus être négligées que les autres. On vient d'en construire une de très-bon goût à l'ancien Hôtel de Soissons. Le mérite de cette halle est la forme nouvelle, & ce mérite n'est pas médiocre. Ce bâtiment rond, parfaitement isolé, percé à jour de toute part, entouré de maisons & de rues dont la construction contrastera avec la sienne, ayant au surplus la solidité & la simplicité requise, sera dans Paris un de nos plus agréables morceaux. C'est grand dommage qu'on ait laissé subsister la vieille colonne à l'endroit où elle est. Engagée dans le bâtiment de la halle elle en interrompt mal-à-propos le contour. Ces deux objets n'ont entre-eux aucune harmonie, aucune liaison. Il falloit ou détruire la colonne ou la transporter dans le centre de la halle. Mais ce qui est d'une barbarie étrange, c'est le cadran qu'on vient de tracer sur le fût de cette colonne. Les cannelures en font le principal agrément. N'est-il pas bien singulier & bien gothique, qu'on ait imaginé de remplir ces cannelures vers le haut pour y figurer un cadran, où le Soleil marquera l'heure deux mois en été & quinze jours en hyver. Ce n'eſt point un cadran qu'il falloit plaquer méchamment ſur le fût de cette colonne. C'eſt une horloge ſonannte qu'il faut établir au-deſſus de ſon chapiteau avec un cadran ſur chaque face qui marque l'heure indépendamment du Soleil.

Pour les autres halles qu'on conſtruira, il faudra en approprier la forme à celle des places au milieu deſquelles on aura occaſion de les établir; & aux vilaines échopes de bois qu'on y voit aujourd'hui, on ſubſtituera des périſtiles ou des bâtimens en arcades, où l'on vendra à couvert les légumes & le poiſſon.

CHAPITRE III.

De la diſtribution dans les bâtimens.

LA diſtribution eſt une matiere très-étendue, qui renferme tout ce qui concerne les cours, l'entrée, l'eſcalier, l'appartement & les dégagemens.

Il faut dans les grandes maiſons & dans les Palais au moins trois cours, celle qui ſert d'entrée & qu'on nomme par excellence la grande cour, celle des cuiſines & du commun, celle des remiſes & des écuries. La grande cour doit toujours occuper le milieu, & avoir une étendue proportionnée à la grandeur du bâtiment. Il faut qu'elle ait plus de profondeur que de largeur, qu'elle communique d'un côté à la cour des cuiſines & du commun, de l'autre à celle des écuries & des remiſes, & que ces deux dernieres cours aient leurs iſſues particulieres, pour que les fumiers & les autres ſaletés ne paſſent pas ſous les yeux du Maître. La cour des cuiſines & du commun doit être ſuffiſamment grande pour contenir toutes les parties qui concernent la commodité du ſervice. Elle doit être à portée de la ſalle à manger, & y communiquer de maniere qu'on n'y ſoit pas incommodé de la fumée & des mauvaiſes odeurs. La cour des écuries & des remiſes ne doit point communiquer avec le corps de logis. Sur ce ſujet il y a peu de choſe à dire. Tout dépend du terrein que l'on a, & l'habileté de l'Architecte conſiſte à en tirer le meilleur parti.

Au Palais-Royal, la cour d'entrée eſt trop petite & le ſera encore trop après les augmentations que l'on doit y faire; voilà pourquoi j'ai conſeillé dans le Chapitre précédent, des deux cours de n'en faire qu'une. A l'Hôtel de Soubiſe, la cour d'entrée eſt trop ſpacieuſe pour la petite façade de bâtiment qui ſe préſente. Aux Tuileries & à Verſailles, les cours ſeroient bien ſi on les exécutoit d'après le plan que j'ai déſigné. Dans les maiſons particulieres on a peu de terrein, on n'a pas toujours beaucoup de dépenſe à faire, on diſpoſe les choſes du mieux que l'on peut.

L'entrée doit toujours être au milieu du bâtiment; parce que l'entrée eſt comme le centre d'où l'on communique à toutes les extrémités, & où de toutes les extrémités on revient. Cette bienséance se trouve remplie aux Palais des Tuileries, du Louvre & du Luxembourg. Elle va l'être au Palais-Royal. Elle ne l'est pas aux Châteaux de Versailles & de saint Cloud, au Palais Bourbon, à l'Hôtel de Toulouse, & dans quantité d'autres grandes maisons où il n'est point à supposer que le défaut de terrein ait dû obliger à rejetter l'entrée sur l'un des côtés de la cour. A Versailles, les trois arcades qui percent de la cour de marbre sur le jardin, donnent le change à tout le monde. On croît que c'est-là l'entrée du Château, & point du tout, ce n'est qu'un vestibule qui ne méne à rien.

L'escalier doit toujours être près de l'entrée. Observons en détail tout ce qui concerne cette partie du bâtiment la plus difficile à bien pratiquer. Il faut qu'un escalier soit à portée, qu'il soit commode, sûr & proportionné à la grandeur de l'appartement.

Un escalier ne peut être trop à portée de celui qui arrive. C'est un grand défaut, que l'on soit obligé de le chercher, & qu'il ne se présente pas au moment qu'on entre. L'escalier des Tuileries est placé à portée & se présente bien. Celui du Luxembourg se présente en entrant, mais il est très-mal placé, parce qu'il est pris sur le terrein du vestibule, & qu'il interrompt la communication de la cour avec le jardin. Celui du Louvre est placé a portée, mais il ne se présente point du tout. On arrive sous un péristile très-agréable, & il faut deviner pour trouver l'escalier. L'escalier des Tuileries qui se présente si bien, a un très-grand inconvénient, c'est que par la place qu'il occupe, loin de communiquer à toutes les parties du bâtiment, il rompt la communication du pavillon du milieu avec tout un côté du Palais.

Pour que l'escalier soit à portée de celui qui entre, qu'il se présente avantageusement & qu'il ne trouble point la communication des piéces de l'appartement, il faut que le corps de logis ou le pavillon du milieu soit double. Alors on prend sans inconvénient dans le double la cage de l'escalier, & on le place à l'un des côtés de l'entrée. Dans les grands Palais même, il convient qu'il y ait en entrant deux escaliers un de chaque côté de l'entrée, qui aboutissent au premier étage à un vaste palier commun, au milieu duquel on trouve la porte du grand appartement.

On a quelquefois agité la question, si les Palais de nos Rois devoient être à plusieurs étages, ou n'avoir qu'un grand rès-de-chaussée élevé de plusieurs marches au-dessus du pavé de la cour. Il semble qu'on devroit leur éviter l'incommodité de monter & de descendre, & que comme sur leur appartement on ne doit jamais loger personne qui puisse occasionner du bruit au-dessus de leur tête, on ne devroit jamais non plus sous leur appartement loger qui que ce soit, qui puisse sous leurs pieds faire craindre les accidents du feu. Cependant d'autres raisons font préférer le logement au premier étage, parce qu'il est moins susceptible d'humidité, & parce qu'on y est moins exposé à être vu des passants. Ainsi la chose reste problématique. Nos Rois ont des Palais dans les deux manieres. A Trianon, c'est un grand & beau rès-de-chaussée. A Versailles & presque partout ailleurs ils occupent le premier étage. Du moins à Versailles, aux Tuileries & ailleurs, on ne devroit point appercevoir de fenêtres au-dessus de leur appartement. Elles annoncent des logemens pratiqués au-dessus de la tête du Monarque, ce qui est contre toute bienséance.

Dès que l'appartement est au premier étage, il faut nécessairement un escalier. Pour le placer avantageusement aux Tuileries, il faudroit doubler le pavillon du milieu sur la cour, & donner à ce double assez d'étendue, pour que deux rampes, l'une à droite & l'autre à gauche de l'entrée, conduisissent à un vaste palier, d'où l'on entreroit dans le sallon des Suisses, & de-là on communiqueroit à tout le reste sans interruption. Au Luxembourg, il faudroit construire un grand vestibule dans le milieu avec deux escaliers bien apparents sur les côtés. Au Louvre, il faudroit rendre les deux escaliers qui flanquent le péristile, plus apparents qu'ils ne sont. On y parviendroit en perçant à jour les entre-colonnemens; & le défaut du talus des rampes qui trancheroit obliquement sur le fût des colonnes, seroit préférable à l'inconvénient de ne point voir ces deux escaliers. A Versailles, le grand escalier n'est ni à portée ni apparent. Si on réforme jamais ce Château d'après le plan que j'ai indiqué dans le Chapitre précédent, il ſera facile ſous le grand pavillon du milieu, de conſtruire un veſtibule à pans, & dans les diagonales de ce veſtibule, d'ouvrir en renfoncement deux cages d'eſcalier, que tout le monde appercevra en entrant, & qui ſans interrompre la communication de la cour avec le jardin, conduiront au premier étage à un très-beau veſtibule commun à tous les appartemens contigus.

On exécute au Palais-Royal un nouvel eſcalier. Il aura le défaut de n'être point au milieu, & d'être reculé comme à Verſailles à une des extrémités du bâtiment. Dans cette extrémité, il communiquera d'une maniere avantageuſe à trois appartemens contigus. Mais il n'y aura plus de communication avec l'appartement de ce Palais qui donne ſur l'orangerie. On remédieroit à ce défaut, ſi à l'extrémité oppoſée on conſtruiſoit un eſcalier ſemblable; de ſorte qu'en entrant ſous les arcades qui doivent faire la communication des deux cours, on fût conduit de part & d'autre par une galerie à un grand eſcalier. Cette diſtribution auroit toujours l'inconvénient de rejetter les eſcaliers trop loin de l'entrée ; mais il ſeroit bien moindre que celui de n'avoir qu'un ſeul eſcalier à l'extrémité du bâtiment.

Le nouveau plan du Palais-Royal, fournira une commodité qui ſe rencontre rarement dans nos Palais, & qu'on devroit tâcher de ſe procurer toujours ; c'eſt qu'on pourra deſcendre de carroſſe & y monter à couvert. Pluſieurs maiſons de Paris ont cette commodité ; parce que l'eſcalier ſe trouve à côté de la porte cochere. Preſque tous nos Hôtels ſont privés de cette commodité. Il ſeroit pourtant facile de la procurer à tous ceux qui ont leur entrée dans l'angle comme à l'Hôtel de Toulouſe. On pourroit à côté de l'eſcalier ouvrir une arcade de communication entre la grande cour & celle des écuries. Le carroſſe arrêteroit ſous cette arcade, & on deſcendroit à couvert. Au Luxembourg il y a une incommodité qui ne ſe trouve point ailleurs, c'eſt que le fond de la cour eſt élevé en terraſſe ; enſorte que le carroſſe étant obligé d'arrêter au bas de cette terraſſe, on a un aſſez grand eſpace à parcourir à la pluie & dans les crotes pour gagner la porte de ce Palais. Il faudroit mettre tout le pavé de la cour au même niveau, ouvrir un passage pour les carrosses sur l'une des aîles, & de-là par un péristile conduire à couvert jusques au grand escalier. On pourra donner la même commodité au Palais des Tuileries, si on en construit les cours & l'escalier comme j'ai dit. Il sera facile d'ouvrir des passages pour les carrosses à droite & à gauche de la cour Royale, où l'on descendra à couvert, & d'où on gagnera le grand escalier sous les péristiles. A Versailles on aura pareillement cette commodité, si on dispose l'entrée de ce Château conformément à mes idées.

La commodité d'un escalier dépend 1°. de la hauteur des marches & de la largeur des girons, 2°. de la forme des rampes, 3°. de la fréquente répétition des paliers.

On monte & on descend commodément, lorsque pour passer d'une marche à l'autre on n'est pas obligé de trop lever le pied où de trop tendre le jarret dans l'enjambée, & que le pied pose facilement sur le giron. Il faut donc que d'une marche à l'autre il y ait la valeur d'un pas ordinaire. La grandeur du pas ordinaire, sur un plan horisontal, est évaluée à 24 pouces. La hauteur de la marche oblige à un petit effort. Voilà pourquoi en compensant les choses on a sagement établi, que la hauteur de la marche équivaudroit à 2, & la largeur du giron à 1. C'est-à-dire, qu'ayant 24 pouces à distribuer entre la hauteur & la largeur de la marche, si la hauteur est 6 pouces, on n'aura qu'a doubler ce nombre & soustraire de 24 le produit, le reste qui est 12 donnera la largeur du giron. Si la hauteur est 5, la largeur sera 14. 4 de hauteur donnera 16 de giron &c. A 8 pouces de hauteur il faut trop lever le pied, & on a à peine l'espace nécessaire pour le bien poser sur le giron, surtout en descendant. A 7 pouces de hauteur on léve le pied un peu moins, mais on le léve encore trop, on a un peu plus d'espace sur le giron, mais on n'y est pas encore bien à son aise. A 6 pouces de hauteur on trouve de la commodité. A 5, la commodité est très-grande. A 4, le giron s'élargit un peu trop. A 3 pouces le giron est si large qu'on a peine à franchir les marches d'une seule enjambée. Ainsi on doit établir pour premiere régle de commodité, de ne jamais abbaisser les marches au-dessous de 4 pouces, & de ne jamais les élever au-dessus de 6.

La forme des rampes contribue beaucoup à la commodité des escaliers. Cette forme doit toujours être en ligne droite, de maniere que les girons des marches aient la même largeur d'un bout à l'autre. Nos anciens ne connoissoient presque qu'une seule forme d'escalier, celle d'une rampe tournante autour d'un noyau. On sçait combien ces sortes d'escaliers sont incommodes, par l'inégalité du giron des marches trop étroit vers le noyau, trop large contre le mur; ensorte que pour monter ou descendre commodément; il faut occuper sans appui le milieu de la rampe. On devroit bannir généralement toutes les rampes qui décrivent une ligne courbe. Nous marchons facilement & commodément, tant que nous avons une ligne droite à parcourir. Dès que cette ligne fléchit & circule, la facilité & la commodité disparoissent, principalement quand il s'agit de monter & descendre. De plus un escalier n'est censé avoir toute sa commodité, que lorsqu'on peut faire usage de toute la largeur de la rampe. S'il n'y a qu'un endroit de commode, il faut donc aller un à un, & s'il y a foule où en sera-t'on. Il est fâcheux que le défaut des rampes tournantes se rencontre dans le nouvel escalier du Palais-Royal, qui aura d'ailleurs de très-grandes beautés.

Il faut pour qu'un escalier soit commode, qu'il y ait des paliers ou repos de distance en distance. On fatigue à monter & à descendre. Une trop longue suite de marches effraye l'imagination, & présente en descendant, l'aspect d'un précipice ouvert sous les pas. Il est donc essentiel de couper les rampes par des repos. Le mieux seroit qu'il y eût toujours un palier après 15 marches. Les paliers trop multipliés sont incommodes, ce sont des excès de repos qui importunent. La grande régle en toutes choses est le *ne quid nimis*. Aux escaliers du Louvre, les rampes sont trop longues & devroient être coupées par des repos. On peut reprocher le même défaut au grand escalier des Tuileries.

La sûreté de l'escalier demande encore plus d'attentions que sa commodité. Il est nécessaire sur toutes choses qu'on puisse monter & descendre hardiment & sans craindre les chûtes. Pour cela il importe qu'un escalier soit éclairé par un jour plein. Les faux jours ont de grands ..ngers, l'obscurité en a de plus grands encore. Si la cage de l'escalier est bien percée de fenêtres, il n'y aura ni obscurité ni faux jour à craindre. Mais souvent la disposition des bâtimens est telle que la cage de l'escalier ne peut recevoir aucun jour par ses côtés, ou ne le reçoit que d'une façon biaise & irréguliere. Alors quel expédient ? Il faut prendre le jour d'en-haut. Rien ne peut jamais nous gêner du côté du Ciel, & le jour plongeant est de tous les jours le plus favorable. Ouvrez dans le plat-fond de l'escalier une lanterne, ou plutôt laissez au milieu de ce plat-fond un œil tout ouvert que vous recouvrirez de glaces. L'ancien escalier des Ambassadeurs à Versailles étoit éclairé de cette façon. Le grand escalier qui subsiste, avec beaucoup d'autres défauts, a celui d'être mal éclairé, ses marches ne recevant qu'un jour indirect & faux.

Rien ne s'oppose plus à la sûreté d'un escalier que le poli du marbre. Les marches deviennent glissantes, & dans les temps humides on ne les descend point sans danger. Si l'on veut qu'un escalier brille par la richesse des matieres, il faut du moins n'y pas employer des marches d'un marbre poli, il faut même repiquer de temps en temps ce marbre qui se polit bien vîte par le frottement des pieds. Rien n'empêcheroit que sur chaque giron on ne taillât dans l'épaisseur du marbre un ravalement pour y insinuer une maniere de petit parquet qui occuperoit toute la longueur du giron. Alors la richesse des matieres seroit conservée, & on seroit dans le cas de monter & de descendre en sûreté.

On doit éviter pour la même raison de supprimer les marches comme on le voit pratiqué dans les escaliers de quelques vieux Châteaux, où les rampes ne sont que des plans inclinés. Le pied ne pose sûrement que sur un plan parfaitement horisontal. Tout plan incliné est* périlleux à la montée & à la descente, à moins qu'il ne soit prodigieusement adouci, jusqu'à ne s'écarter du niveau que de deux ou trois pouces par toise, ce qui est impossible dans le court espace d'un escalier. Disons-en de même des marches dont on incline quelquefois le giron pour adoucir un peu leur trop grande roideur. Il est toujours à craindre que le pied ne glisse, dès que la marche n'est pas parfaitement de niveau.

Il faut que l'eſcalier ſoit proportionné à la grandeur de l'appartement. Comme il ſeroit abſurde de faire entrer dans une petite maiſon par une porte immenſe, ou de ne préſenter qu'une petite porte bâtarde pour entrer dans un vaſte Palais, la même abſurdité ſe rencontrera, ſi on ne monte à un grand appartement que par un eſcalier médiocre, ou ſi au bout d'un eſcalier immenſe on ne trouve qu'un appartement étroit & écraſé. C'eſt la premiere piéce de l'appartement qui doit décider de la grandeur de l'eſcalier, cette premiere piéce doit toujours être la plus grande des ſalles & des antichambres. Un eſcalier ne ſera jamais trop petit s'il a en quarré la largeur de cette premiere piéce. Il ne ſera jamais trop grand s'il a en profondeur le double de cette largeur.

Reſte à décider la forme de l'eſcalier. Dès que les rampes tournantes doivent être généralement proſcrites, on ne peut plus introduire de courbes dans la partie de la cage qui eſt occupée par les marches. Ainſi à cet égard tout ſe réduit au quarré long ou au quarré parfait. On peut dans cet eſpace arranger les rampes & les paliers comme on voudra, mettre des doubles rampes ou des rampes ſimples, pourvû qu'on ne s'écarte jamais de la ligne droite, pourvû qu'on ménage & qu'on diſtribue bien les jours, pourvû que l'eſcalier ſoit bien évuidé & qu'on en découvre en entrant toutes les parties, pourvû qu'il en réſulte un enſemble agréable & frappant, on peut du reſte le diſtribuer comme on voudra.

Les formes bizarres & qui s'éloignent de la ſimplicité, ſont communément très-incommodes. Les Architectes aiment à briller par ces ſortes de bizarreries qui leur donnent lieu de vaincre des difficultés. Les eſcaliers les plus cités ne ſont pas certainement les plus ſimples. La célébrité qu'on leur accorde détermine les Architectes à courir après le ſingulier, & à abandonner le noble & le ſimple ſans lequel il n'eſt point de vraie beauté. S'ils ont du talent pour exécuter des choſes difficiles & hardies, qu'ils le réſervent pour les endroits où il en eſt beſoin, pour certains eſcaliers où l'on eſt gêné & aſſujetti par la petiteſſe de l'eſpace, par la difficulté des jours, par une foule de dégagemens obligés. Ils brilleront alors à propos & on leur ſçaura gré de la difficulté vaincue. Mais que dans l'escalier principal d'un Palais & d'un Hôtel, ils cherchent tout exprès des difficultés, afin d'avoir la gloire de les vaincre, c'est étaler de la science en dépit du bon sens ; c'est imiter ces Musiciens insipides, qui sans y être engagés par le sujet, fatiguent le public de leurs difficultés vaincues, & sollicitent par des efforts bizarres une admiration qu'on leur accorderoit bien plus volontiers s'ils ne s'attachoient qu'à donner du plaisir. La véritable habileté consiste à n'être arrêté par aucune des difficultés qui se présentent & n'en point faire naître là où il ne s'en présente pas.

J'ai dit que l'espace de l'escalier occupé par les rampes, ne peut être que quarré long, ou quarré parfait. Cela n'empêche pas que sur cet embasement on ne puisse planter une cage poligone, ronde, elliptique, ou mixtiligne. C'est même un moyen de diversifier les formes des escaliers & d'y introduire du contraste & des oppositions qu'on ne doit pas négliger. Il peut contribuer beaucoup à la richesse de la décoration, qui doit toujours dans cette partie être traitée dans le goût mâle, & avec une sagesse qui laisse du progrès à espérer relativement à la décoration de l'appartement.

Dans le milieu du palier le plus haut de l'escalier doit être la porte du grand appartement. Cette porte doit occuper le milieu de la premiere piéce vis-à-vis des fenêtres, & l'alignement des autres piéces doit croiser à angles droits au centre de cette premiere antichambre. Dans les Palais des Princes il faut au-haut de l'escalier un premier salon en forme de vestibule, ensuite une grande salle des Gardes en face, &.au bout de la salle un second sallon sur le jardin, au-centre duquel croise à angles droits l'enfilade des appartemens.

Ainsi à Versailles, en élevant, comme j'ai dit, sur la cour un corps de logis dans l'alignement des deux grandes ailes, on trouveroit dans le milieu, au rès-de-chaussée, un vestibule octogone, qui communiqueroit avec le jardin par une galerie en péristile. Deux grands escaliers pris en enfoncement dans les pans diagonaux de l'octogone conduiroient au premier étage, à un second vestibule très-vaste & très-exhaussé, qui recevroit ses jours de la cour Royale. Deux galeries joindroient ce vestibule d'un côté au salon d'Hercule, de l'autre à un salon pareil que l'on construiroit sur la cour des Princes. De ce vestibule où se tiendroient les cent Suisses, on entreroit dans une grande salle des Gardes, qui aboutiroit au milieu de la galerie d'aujourd'hui. L'espace de cette galerie donneroit l'appartement du Roi à droite, & celui de la Reine à gauche, qui seroient réunis par un salon commun, & qui auroient l'un & l'autre une grande antichambre, une grande chambre du lit, & un grand cabinet. Les salons de la guerre & de la paix, seroient les dernieres piéces de ces deux appartemens. De-là on entreroit de part & d'autre dans une grande galerie qui occuperoit toute la longueur du retour jusqu'au salon d'Hercule d'un côté, & de l'autre jusqu'au salon parallele à celui-là qui pourroit être le salon de Vénus & des Graces. Dans le double des galeries & des appartemens de parade, seroient ceux de commodité & de dégagement, & au-dessous des deux grands appartemens, seroient ceux des bains.

En distribuant le Château de Versailles de cette maniere, il seroit aisé d'y loger

loger nos Maîtres avec la plus grande magnificence & la plus parfaite commodité. Je ne crois pas même qu'il y ait un autre moyen de réparer les défauts choquants de distribution qu'on y remarque, & en conséquence desquels le Roi y est moins bien logé que plusieurs de ses Sujets ne le sont chez eux.

Aux Tuileries nous avons dit où devoit être l'escalier & comment on devoit aboutir au salon des Suisses. La salle des Gardes est à gauche. Il faudroit y entrer par le milieu & non pas par le coin. Ensuite l'antichambre, où il faudroit aussi que l'on entrât par le milieu. La chambre du Roi devroit être tournée sur le jardin, précédée d'une seconde antichambre & suivie de plusieurs cabinets, terminés par un grand sallon dans le pavillon de l'angle du côté du Pont-Royal. Derriere ces grandes piéces, on distribueroit aisément toutes celles de commodité, de propreté & de dégagement. Au rès-de-chaussée, au-dessous, on feroit la même distribution pour l'appartement de la Reine, qui auroit une communication particuliere avec celui du Roi par un escalier de dégagement. La Chapelle feroit à droite du fallon des Suiffes & occuperoit les deux étages.

Voilà ce me femble le meilleur parti qu'on puiffe tirer de l'intérieur du Palais des Tuileries. Sa diftribution actuelle n'eft ni agréable ni commode. Il eft impoffible d'y loger convenablement le Roi & la Reine au même étage. Il faut pour cela que l'un des deux ait fon appartement tourné fur la cour, & foit privé de la vue des jardins, ce qui eft contre toute bienféance. Il faut que les commodités de l'un empiétent fur les commodités de l'autre, ce qu'on doit toujours éviter. Comme il eft impoffible de les loger l'un à côté de l'autre, le feul moyen de les rapprocher, c'eft que l'un occupe le rès-de-chauffée & l'autre le premier étage. Alors les deux appartemens feront également bien.

Dans la diftribution des maifons particulieres, l'Architecte doit avoir égard aux bienféances de la condition du propriétaire. Il doit s'informer de toutes les efpéces de commodités que le befoin où la fantaifie peuvent faire defirer, & l'arranger en conféquence. Il faut que l'appartement de compagnie ait toujours le plus bel aſpect, qu'il ſe préſente avantageuſement & directement à celui qui entre, qu'il ſoit composé pour les grands perſonnages, d'une premiere antichambre pour le ſervice, d'une ſeconde antichambre pour les valets de chambre, d'un grand ſallon de compagnie, de la chambre du lit, d'un beau cabinet de parade & d'une gallerie. Il faut que la ſalle à manger ſoit détachée de cet appartement, ſans en être éloignée, & qu'elle ſoit précédée d'une piéce pour ſervir de buffet, avec un dégagement qui méne à la cuiſine. Il faut dans le double du grand appartement, pratiquer toutes les piéces de commodité & de propreté, & qu'elles aient leur dégagement particulier. Si la néceſſité oblige à pluſieurs appartemens, il ſuffira qu'un ſeul ſoit traité en grandes parties pour être le bel appartement, l'appartement de parade. Chacun des autres ſera cenſé complet, pourvu qu'il y ait une petite antichambre, une belle chambre, un petit cabinet, une garde-robe & un dégagement.

Dans les maiſons médiocres il faut ſe

régler ſur le terrein. Si l'eſpace eſt petit, il faut pratiquer dans un des angles un eſcalier de peu d'étendue, conſacrer un des étages à l'appartement de compagnie, qui ſera ſuffiſant s'il eſt composé d'une antichambre ſervant de ſalle à manger, d'un ſallon auſſi grand qu'il peut l'être, & d'une garde-robe de commodité. Aux autres étages on pratiquera des logemens qui doivent toujours avoir leur petite antichambre, une chambre à coucher un peu grande, un cabinet & des gardes-robes avec leur dégagement. Si les planchers ſont un peu hauts on peut multiplier les commodités par des entreſoles. C'eſt à ces généralités que je me borne, le détail dépendant des circonſtances & des accidens de l'emplacement.

Une des attentions les plus eſſentielles pour toute ſorte d'appartemens, c'eſt de les préſerver de l'humidité, du froid & de la fumée. L'humidité n'eſt véritablement à craindre que dans les rès-de-chauſſée. Si on les éléve de pluſieurs marches au-deſſus du pavé, s'il y a au-deſſous des caves bien voutées, ſi les eaux du toît, reçues dans des chenaux, ſont portées par des conduites un peu loin du bâtiment, & ſur-tout loin de l'endroit qu'on habite, on n'aura point d'humidité à craindre. Pour le froid, on en préviendra une partie en évitant de trop multiplier les fenêtres & les portes, & en faiſant les murs un peu épais. Nos anciens bâtiſſoient leurs maiſons avec peu d'élégance, mais ils ſçavoient s'y garantir de l'intempérie des ſaiſons. Leurs murs de Citadelle, leurs petites fenêtres & leurs petites portes, leurs larges trumeaux & leur profondes embraſures nous offenſent. Avoient-ils tant de tort de bâtir avec ſolidité, de ſe garantir du grand froid & de la grande chaleur, en leur oppoſant des murs impénétrables, & en n'y laiſſant que de petites ouvertures & en petit nombre? Croyons-nous qu'ils ignoraſſent l'Art des conſtructions legéres? Ils les connoiſſoient & les pratiquoient mieux que nous. Leurs Egliſes dont la légereté étonne, effraye même l'imagination en feront foi à jamais. Dirons-nous que leurs maiſons maſſives décélent la groſſiereté de leur goût? Mais eſt-il de ſi mauvais goût de ſe conformer aux néceſſités du climat, d'être logé chaudement en hyver, & fraîchement en été? Nous voulons aujourd'hui au milieu des glaces, des neiges & des frimats, habiter des maisons percées comme des lanternes. Nous voulons de grandes fenêtres & de grandes portes, des murs d'un pied d'épaisseur, des planchers & des cloisons très-minces, & nous nous plaignons du froid qui régne dans les apartemens. C'est comme si un homme qui s'habilleroit de taffetas au mois de Janvier, prétendoit ne pas greloter.

Ayons de bons murs bien épais, capables de porter des planchers forts ou même des voutes. Diminuons le nombre de nos fenêtres; qu'elles soient du moins espacées tant vuide que plein. Ne les faisons point si énormement grandes, & mettons-y de bons doubles chassis. Retranchons de la grandeur de nos portes, & n'en mettons que la quantité qui est absolument nécessaire. Faisons-en les ventaux de bon bois de chêne bien épais qui ne soit point sujet à se déjetter. Apprenons l'art de les suspendre en équilibre, & d'en bien faire joindre les feuillures. Par-là nous nous délivrerons de beaucoup de froid. Nos maiſons plus ſolides dureront davantage, & leur apparence extérieure ſera moins contraire au bon ſens.

Les grandes piéces les mieux cloſes ſont très-difficiles à échauffer. Je crois que la méthode ordinaire de placer les cheminées contre le mur de refend qui fait la ſéparation de l'enfilade, n'eſt pas la meilleure. Il y a toujours un mauvais côté où l'air de la porte & des fenêtres donne ſur le dos de très-près. La cheminée ſeroit beaucoup mieux en face des fenêtres dans toutes les piéces où il n'y a point de lit. Outre qu'on ſe rangeroit autour plus commodément pour ſe chauffer, cette poſition donneroit beaucoup plus d'aiſance pour bien ſymmétriſer la décoration.

Il faut que la grandeur de la cheminée ſoit proportionnée à la grandeur de la piéce. Les cheminées anciennes où l'on entroit tout de bout étoient de meilleur ſens que les nôtres. On devroit en renouveller l'uſage dans les grandes piéces. On y ſupplée par des poëles qui répandent une chaleur bien moins ſaine, une chaleur qui porte à la tête & qui laiſſe les pieds froids, une chaleur inégale & qu'il est impossible de bien régler. On peut profiter du feu des cuisines & de toutes les cheminées de la maison pour distribuer des tuyaux de chaleur dans l'appartement, capables d'en adoucir l'air sans lui ôter son ressort. Cet artifice est connu & on l'à déjà pratiqué dans plus d'une maison. Alors le feu d'une seule cheminée seroit suffisant pour échauffer les piéces les plus grandes.

L'inconvénient le plus insupportable & le plus ordinaire, est celui de la fumée. Il est question de lever l'obstacle que lui oppose au haut du tuyau le poids de l'air ou la force du vent. Introduire dans la chambre des courants d'air pour vaincre cette opposition, c'est y occasionner un froid très-incommode. Le meilleur des remédes connus jusqu'à présent, c'est de construire l'intérieur du manteau de la cheminée en hote, avec une soupape au-dessus, qui s'ouvre & se ferme à volonté. Il arrive de-là, que si le poids de l'air ou la force du vent repousse la fumée, elle est arrêtée dans les coins de la hote, & par la soupape qui la répercute en haut, de ſorte qu'il n'en entre point dans la chambre. L'Académie des Science ſerviroit utilement la Société, ſi elle propoſoit aux Phyſiciens la ſolution de ce problême : quelle eſt la véritable cauſe de la fumée dans les appartemens, & quel eſt le moyen infaillible d'y remédier.

CINQUIEME PARTIE.

Des monumens à la gloire des Grands Hommes.

L'ADMIRATION & la reconnoissance ont inspiré la pensée d'immortaliser, par des monumens durables, la mémoire des hommes illustres, que la Nation regarde comme les Auteurs de sa félicité ou de sa gloire. Il est utile en effet que leur nom transmis à la postérité, présente à ceux qui viendront après nous l'encouragement & l'exemple, & que la certitude de vivre dans les siécles à venir, serve d'attrait & de récompense aux grandes ames. Les belles actions trouvent une immortalité réelle dans les fastes de l'histoire. Mais rien n'est comparable en ce genre aux monumens publics que l'on érige pour les consacrer avec l'éclat le plus autentique; & l'usage le plus noble que l'on puisse faire des Arts, c'est d'emprunter leur ſecours pour rendre un hommage ſolemnel, à la vertu, à la bienfaiſance, au mérite.

Nous avons des Rois ſi dignes de notre amour, nos cœurs ont tant de plaiſir à leur manifeſter leurs tendres, leurs reſpectueux ſentimens, que toute la Nation s'empreſſe d'ériger des monumens à leur gloire. Mais devons-nous nous borner à un ſeul genre de monumens ? N'imaginerons-nous jamais rien de mieux qu'une ſtatue au milieu d'une grande place ? Evitons dans nos hommages même la trop grande uniformité. Qu'ils ne ſoient pas de nature à exiger des efforts qui refroidiſſent notre zèle en excédant notre pouvoir. Que l'on profite d'une place déjà conſtruite ou qu'on va conſtruire pour y placer la ſtatue du Roi, rien de plus raiſonnable. Qu'une Ville même qui entreprend de s'embellir, & qui a pour cela les facultés néceſſaires, mette dans ſes projets d'arranger une place pour cette intention, c'eſt le vœu de tous les Citoyens. Mais que chaque fois qu'on voudra ériger à nos Rois un monument d'amour & de reconnoiſſance, il faille conſtruire une place, c'eſt une choſe tout à fait impraticable.

A Paris, après avoir profité des trois plus belles places de cette Capitale pour y mettre les ſtatues de Louis XIII & de Louis XIV, on s'eſt trouvé dans le plus grand embarras, lorſqu'il a été queſtion de conſtruire une quatrieme place pour la ſtatue de Louis XV. Il a fallu chercher un emplacement hors de la Ville. On s'eſt trouvé dans le même embarras à Montpellier pour la ſtatue de Louis XIV. On n'avoit point de place dans l'intérieur de la Ville, on n'étoit pas en état de s'en donner une, on a mis la ſtatue au milieu des champs. En uſer de la ſorte c'eſt aller évidemment contre le but de la choſe. Il faut qu'un Roi ſe trouve au milieu de ſon peuple; & c'eſt contredire le ſentiment qui a inſpiré l'hommage, que de placer le monument hors de la vue des Citoyens.

A Lyon & à Dijon, on a eu du terrein pour conſtruire une place, & on y a mis la ſtatue de Louis XIV. On a fait la même choſe dans les Villes de Bordeaux, de Nanci, de Rennes & de Rheims, pour la ſtatue de Louis XV. Voilà juſqu'à préſent les ſeules Villes où ce genre d'hommage ait été rendu. Le ſentiment qui l'a inſpiré régne dans toutes les autres ; mais il eſt combattu & écarté, par la difficulté, l'embarras, la dépenſe d'une place à conſtruire. Il eſt aiſé de prévoir qu'à Paris même, ſi on ne ſe donne pas des facilités en employant des monumens d'un autre genre, on ſera forcé avec le temps de renoncer au plaiſir d'en ériger.

Il eſt donc très-important d'indiquer ces genres différents auxquels on peut avoir recours, lorſque tout s'oppoſe à la conſtruction d'une place nouvelle. Les arcs de triomphe étoient d'un grand uſage chez les Anciens. Pourquoi n'imiterions-nous pas d'eux cette maniere d'immortaliſer la mémoire de nos Rois. On l'a fait ſous le régne précédent. Les portes de ſaint Denis, de ſaint Martin, de ſaint Bernard & de ſaint Antoine, ſont de véritables arcs de triomphe, pour conſerver le ſouvenir de quelques-uns des plus beaux traits de ce régne glorieux. Nous pourrions remplacer toutes les anciennes portes de cette Capitale par des monumens de cette eſpéce. Ils prennent peu de terrein & occaſionnent bien moins de dépenſe. Nous pourrions élever des arcs de triomphe à la tête de chacun de nos ponts, à l'entrée & à l'issue de nos rues les plus larges. Un très-grand arc, flanqué de deux massifs chargés de trophées; un bas-relief au-dessus de l'arc; la masse entiere, couronnée d'un entablement mâle, voilà tout ce qui entreroit dans la composition de ces monumens. On verroit sur quelques-uns un char à la Romaine, traîné par quatre chevaux de front, & le Roi sur le char en habit de guerrier, avec la Couronne de laurier sur la tête. Ce morceau exécuté en bronze & traité aussi fiérement qu'il peut l'être, intéresseroit tout autrement qu'une froide statue Equestre. On verroit sur d'autres la Renommée embouchant la trompette, pour annoncer les belles actions du Héros, & derriere-elle un génie présenteroit le médaillon du Héros à l'immortalité qui le couronneroit. Que de traits simboliques relatifs aux vertus & aux bienfaits de nos Rois ne pourroit-on pas exécuter en grand sur la plate-forme de ces Arcs de triomphe! Les bas-reliefs, les trophées & les inscriptions adaptés au sujet, achéveroient de mettre la chose dans le plus beau jour,

& l'enſemble feroit un tout autre effet qu'une ſimple ſtatue ſur un piédeſtal.

Les fontaines publiques ſont des monumens d'un autre genre qu'on peut faire ſervir au même deſſein. Dans l'une on verroit ſur la cime d'un gros rocher, le Roi ſous la forme d'Apollon, tenant la lire à la main, inſpirant & animant les Muſes attentives autour de lui. Cette fontaine auroit ſa place naturelle dans le quartier de l'Univerſité. Dans l'autre on verroit le Roi ſur ſon Thrône, donnant le glaive & la balance à Thémis, qui les recevroit un genou en terre. Cette fontaine ſeroit convenablement placée près du Palais. Près d'une Egliſe principale on verroit à une fontaine, le Roi accordant la protection du Sceptre à la Religion qui le reclame. Ailleurs on verroit une pyramide autour de laquelle les différents génies des Arts s'efforceroient de conſacrer tous leurs talens à la gloire du Monarque. Près des halles on verroit le Roi aſſis, & l'abondance à ſes ordres qui verſeroit ſes plus riches préſens. Qu'on étende ces idées & on trouvera le moyen de multiplier ſans beaucoup de frais & de la maniere la plus intéreſſante les monumens à la gloire des Maîtres qui nous gouvernent. Des fontaines ainſi décorées ſeroient le plus précieux de nos embelliſſements, & ne vaudroient-elles pas infiniment mieux que ces pavillons quarrés & octogones qu'on a diſtribué dans nos carrefours & dont la forme lourde eſt ſans invention & ſans effet.

Des monuments d'un dernier genre, ce ſont les colonnes ſolitaires, telles qu'on voit à Rome les colonnes Antonine & Trajane. Cette invention n'eſt point à rejetter. Une colonne d'un très-grand diamétre qui porte ſur ſon chapiteau une ſtatue pédeſtre coloſſale, avec des bas-reliefs tracés autour des tambours de la tige, eſt un monument de grand effet. On pourroit à Paris en placer un certain nombre le long des quais de la riviere, & elles y feroient un riche & ſuperbe ornement. Je ne voudrois pas que les bas-reliefs fuſſent en ſpirale autour de la colonne, comme l'ont pratiqué les anciens; je crois qu'il ſeroit mieux qu'on les aſſujettît au plan des tambours, & qu'on les fît très-grands pour en rendre les détails très-ſenſibles. Il faudroit que ces bas-reliefs exprimaſſent les principaux événemens du régne du Monarque à la gloire duquel la colonne auroit été érigée. Ainsi on auroit son effigie & son histoire dans le même monument.

Voilà bien des moyens de signaler envers nos Rois, notre amour & notre reconnoissance, sans recourir toujours à l'expédient dispendieux & embarrassant d'une construction de place ; il conviendroit que chacune de nos grandes Villes se décidât pour un de ces genres de monuments, & qu'il n'y en eût aucune où l'on ne trouvât quelque hommage solemnellement rendu à la gloire & à la bienfaisance de nos Souverains.

Il faudroit des monumens à la mémoire de nos Hommes Illustres. Mais ils ne doivent point attendre qu'on les leur consacre avec tant de solemnité & tant d'appareil. Ce sont des astres subalternes dont la lumiere a moins d'éclat, & dont les influences s'étendent sur bien moins d'objets. Voici ce qui conviendroit & ce qui suffiroit à leur égard. Dans le Palais de la Justice, il faudroit ou une grande salle, ou un vaste péristile que l'on nommeroit la salle où la galerie des Hommes Illustres. Là on placeroit les statues des Magistrats qui ont acquis une réputation immortelle. Ce seroient de dignes objets d'émulation pour tous ceux qui marchent ſur leurs traces. En entrant & en ſortant du Palais, le Juge laborieux & intégre verroit là ſes encouragemens & ſes modéles ; le Juge diſſipé & corrompu, y verroit plus utilement encore ſa honte & ſa condamnation.

Nous avons une École Militaire. Combien ne ſeroit-il pas avantageux d'y conſtruire une ſalle ou une galerie pareille, où les ſtatues d'un Dugueſclin, d'un Turenne, d'un Maréchal de Saxe & de leurs ſemblables, en immortaliſant le ſouvenir de leurs grandes actions, apprendroient à la jeuneſſe qu'on y éléve, la route qu'elle doit ſuivre pour arriver à la gloire, les ſervices qu'elle doit rendre pour recevoir les hommages de la poſtérité.

Nos ſalles d'Académie devroient être précédées de périſtiles, conſacrées à la mémoire des Hommes Illuſtres dans les Sciences*, les Lettres & les beaux Arts. Une des ſalles où le clergé tient ſes aſſemblées devroit avoir la même deſtination pour immortaliſer tous ceux qui, dans l'Egliſe ont rempli éminemment le devoir Paſtoral, & ſe ſont diſtingués du commun par leurs vertus & leurs lumieres. A l'Hôtel de Ville, une ſalle pareille devroit renfermer les ſtatues des grands Miniſtres, des Particuliers même qui ont bien mérité de la patrie & que le vœu public à préconiſés.

Tous ces monumens donneroient bien de l'exercice aux artiſtes qui pourroient avec du génie en varier l'invention à l'infini. Ils introduiroient dans nos Villes un embelliſſement digne d'exciter la curioſité des nations, capable peut-être lui ſeul de nous paſſionner pour nos devoirs, en expoſant habituellement ſous nos yeux de quelle génération nous ſommes la poſtérité. Mais convenons-en, il ſeroit à craindre que la flaterie, & des ſentimens encore plus mépriſables, ne fiſſent préférer quelquefois des ſujets indignes à des ſujets méritans, ou du moins qu'on ne confondit les uns avec les autres. Pour éviter cette injuſtice, il ſeroit néceſſaire avant de placer aucune ſtatue, qu'on attendît d'y être déterminé par le vœu du public. Ce vœu eſt toujours facile à diſcerner ; il s'exprime énergiquement dans les converſations & dans les écrits ; on le voit, on le ſent.

Il faudroit céder uniquement à ce vœu, & résister à toute autre considération.

Les mausolées sont des monumens plus communs parmi-nous que tous les autres; parce que, généralement parlant, c'est bien moins l'estime publique qui les érige, que l'amour propre & la vanité des familles. Quoiqu'il en soit du motif, je trouve sur ce sujet quelques observations à faire.

1°. Il ne convient point de placer les mausolées dans les Eglises, & ils y sont presque tous. La bienséance ne souffre dans le lieu Saint que des objets de culte. Les représentations des Mystéres de notre Religion, les Images & les Statues des Saints, voilà tout ce qu'on peut admettre dans un Temple consacré à la Divinité. Tout le reste doit en être banni. Placer en face ou à côté d'un Autel le tombeau d'un homme que la Religion ne doit pas honorer, qui souvent même a scandalisé & deshonoré la Religion par la vie la plus licentieuse; écrire sur le marbre en lettres d'or ses louanges, la où le seul nom de Dieu & de ses Saints doit être célébré; étaler les honneurs, les titres & les traces pompeuses de son ambition, là où l'on ne doit voir que le Chrétien contrit & humilié; voir le tombeau d'un foible mortel extraordinairement décoré, vis-à-vis d'un Autel pauvre & ſans ornemens, c'eſt un amas d'indécences qui révoltent. Purgeons nos Egliſes de ces indignités choquantes. Ne ſouffrons pas qu'un mêlange de ſacré & de prophane altére dans leur enceinte la pureté du Culte religieux.

Il eſt à deſirer que la même loi qui doit défendre que nos Egliſes ſoient transformées en des lieux de ſépulture, en banniſſe les mauſolées; & qu'en ceſſant d'y reſpirer une odeur de mort, on n'y apperçoive plus aucune repréſentation qui en rappelle l'image. L'un eſt une conſéquence de l'autre.

On veut des mauſolées, où les placera-t'on? dans des galeries extérieures & contiguës à l'Egliſe, dans ce qu'on nomme les Cloîtres & les Charniers. Là l'orgueil pourra ſe ſatisfaire ſans indécence. Ces monumens que les familles ont tant à cœur de conſtruire, pourront y être placés avec ordre, & fournir aux curieux un ſpectacle dont on jouira ſans qu'il en réſulte rien de contraire au reſpect qu'exige le Sanctuaire de la Divinité.

A Saint Denis, les tombeaux de nos anciens Rois occupent avec peu d'avantage & beaucoup d'embarras, des places dans le cœur, dans la croisée, dans les Chapelles de l'Eglise. Il faudroit les enlever tous, & les distribuer dans les corridors du Cloître de l'Abbaye. On pourroit les placer suivant la date du régne, y joindre ceux de nos derniers Rois qui n'en ont point. Cette suite de mausolées présenteroit un tableau chronologique très-commode.

Dans beaucoup d'Eglises, on trouve, comme à la Sorbonne, un grand mausolée au milieu du chœur. Quelque admiration que l'on doive à un aussi grand Ministre que le Cardinal de Richelieu, convient-il que son tombeau occupe une place pareille ? Convient-il que la représentation de cet homme mourant partage l'attention des Ministrés du Seigneur, & semble recevoir leurs hommages dans le moment de la célébration du service Divin.

Dans la plûpart des Paroisses de Paris, & dans un très-grand nombre d'Eglises de Monastéres, on voit des mausolées de différentes grandeurs, plaqués contre les pilliers, occupant tout l'intérieur des Chapelles, quelquefois même, par préférence aux Autels, jouissant de la meilleure place. Lorsqu'on voudra parler & agir sensément, tous ces monumens seront enlevés. Ou on les détruira, ou on leur assignera des places plus convenables.

2°. Le droit d'ériger des mausolées doit-il appartenir à toute sorte de gens? On le croiroit à en juger par l'usage ordinaire. Il suffit pour en avoir la liberté qu'on ait de quoi en faire la dépense. Cependant on devroit faire attention qu'il est ridicule de prodiguer des monumens de cette espéce à des hommes obscurs, qui non-seulement n'ont point eu de célébrité, mais dont le nom est à peine connu. Que de grands Ministres, de grands Magistrats, de grands Capitaines, de grands Prélats, des hommes célébres dans les Lettres & dans les Arts aient des mausolées, on ne peut y trouver à redire. Que même des Paroisses en érigent à des Curés tels que M. Languet, rien n'est plus convenable. Mais que les plus petits particuliers obtiennent en payant, le droit de figurer à côté de ces gens-là, c'est-ce qu'on ne devroit pas tolérer. Quiconque a fait peu de sensation pendant sa vie, doit en faire encore moins après sa mort.

Il seroit donc à desirer qu'il y eût sur ce sujet une police, & que le droit de mausolée ne fut accordé qu'à la célébrité des actions, des talens, ou tout au plus à l'éclat des titres. On ne seroit plus dans le cas de les multiplier à l'excès, & ils rentreroient dans la classe des monumens qui peuvent exciter & entretenir l'émulation.

3°. Les mausolées offrent un beau champ à l'imagination des artistes. Ce sont des sujets où ils peuvent mettre de l'invention & de l'expression. Ils peuvent en faire des tableaux bien ordonnés, bien composés, remplis d'idées nobles & spirituelles. Les tombeaux antiques sont presque tous des objets peu intéressants. Ce ne furent d'abord que de simples pierres qu'on plantoit à côté de l'endroit où le corps étoit enterré, afin que marquant le lieu de la sépulture, elle excitât le sentiment naturel à tous les hommes, qui les porte à respecter les cendres de ceux avec qui ils ont vécu & qu'ils ont aimés. Ces pierres informes dans les commencemens, reçurent avec le temps une forme pyramidale, parce

parce que la pyramide assise par sa base sur la terre, & se terminant en pointe vers le Ciel, exprimoit en quelque sorte le transport de l'ame vers les régions éthérées par sa séparation d'avec le corps. Aux petits pyramides de pierre commune, le luxe substitua des pyramides d'une plus grande masse & d'une matiere plus riche. Les hommes puissants crurent laisser après eux une très-grande idée d'eux-mêmes en étendant prodigieusement la masse des monumens destinés à leur sépulture. De-là ces fameuses pyramides d'Egypte qui subsistent encore & qui depuis tant de siécles étonnent l'Univers, & dont la masse supérieure à tout ce qui a été fait de main d'homme, présente un terrible amas de matériaux puérilement prodigué à satisfaire un orgueil outré. Ce sont des montagnes de marbre pour couvrir un corps à qui il ne faut que six pieds de terrein.

Les Grecs & les Romains satisfirent à la sépulture de leurs morts avec plus de sagesse & de jugement. Une urne pour contenir leurs cendres, un sarcophage où ils renfermoient leurs ossements, & dans quelques occasions plus rares, un petit édifice pyramidal, où ils représentoient l'effigie de l'homme enseveli ; voilà toute la dépense de leurs mausolées. Nous avons en France des restes de ces monumens de l'ancienne Rome. A Arles, l'endroit que l'on nomme les Champs-Elisées, est rempli de tombeaux antiques dont la forme est très-simple, & dont la masse n'a que ce qu'il faut pour couvrir le corps. Près de S. Rhemi, petite Ville de Provence, est un mausolée Romain, de forme quarrée. C'est un large piédestal sur lequel un petit dôme quarré s'éléve, & renferme un groupe de figures ; le tout est surmonté d'un amortissement pyramidal.

Les loix d'une République qui n'admettoient que peu d'inégalité dans les conditions, ne devoient pas permettre qu'il y eût de trop grandes différences dans les devoirs que l'on rendoit aux morts. Les idées ne changerent à cet égard que lorsque le Gouvernement Monarchique eut pris à Rome la place du Gouvernement Républicain. On vit alors des Empereurs concevoir la vaine ambition de donner une haute idée de leur puissance par l'étendue & la masse des monumens destinés à recevoir leurs cendres. Le mausolée d'Adrien en est une preuve. Ce bâtiment, assez vaste pour devenir la Citadelle de Rome moderne, & qu'on connoit aujourd'hui sous le nom de Château-Saint-Ange, ne fut dans son origine que le tombeau de cet Empereur.

Ces idées gigantesques ont tout-à-fait disparu. Une imagination plus retenue a présidé à la construction des mausolées qui ont été érigés dans les derniers siécles. On s'est contenté pour quelques-uns de représenter les effigies des morts, couchées sur un large soubassement, & sur les quatres faces du soubassement d'exprimer en bas-relief quelques traits de leur vie, ou les sentimens de douleur que leur mort a fait naître : tels sont en particulier les tombeaux des Ducs de Bourgogne à la Chartreuse de Dijon. Pour d'autres on a construit un petit édifice à deux étages. Au rès-de-chaussée on a placé sur un soubassement la représentation du cadavre avec tous les effets hideux que le mort y a laissés. Au-dessus de cette premiere représentation on a élevé une table sur quatre pilliers ou ſupports, où l'on voit l'effigie de l'homme vivant tantôt dans une attitude de repos, tantôt dans une attitude ſuppliante : tels ſont les tombeaux des Ducs de Savoye dans l'Egliſe de Notre-Dame de Brou, près de Bourg en Breſſe. On a imité ces froides idées aux tombeaux de Louis XII, de François I. & des Valois, les ſeuls à ſaint Denis qui méritent quelque attention. Le mauſolée de Louis XII eſt comme une petite maiſon en marbre. Sur un ſoubaſſement orné de bas-reliefs, pluſieurs arcades entourent une eſpéce de tombeau qui ſoutient les figures nues & mourantes du Roi & de la Reine. Ces deux figures reparoiſſent vivantes & à genoux ſur l'entablement, qui couronne les arcades, & quatre vertus ſont aſſiſes aux quatre coins du ſoubaſſement. Le mauſolée de François I. eſt dans le même goût, ainſi que celui des Valois. Nous n'avons dans ces temps gothiques, qui s'écarte de ces idées foibles & triviales, que ce qui a été fait aux Céleſtins dans la Chapelle d'Orléans. Là on voit une colonne funéraire, en bronze, d'un travail exquis, elle eſt accompagnée de trois figures de même métal représentant des vertus, & elle porte une urne qui renferme le cœur d'Anne de Montmorenci. Cette idée bien plus noble que les précédentes décele le bon esprit de Germain Pilon qui en est l'inventeur. A côté on trouve une pyramide ornée de trophées, & accompagnée de quatre vertus en marbre blanc avec deux bas-reliefs en bronze : c'est le mausolée des Longuevilles. Suit le piédestal sur lequel on voit les trois graces d'un seul bloc de marbre, exécutées avec une perfection dont il y a peu d'exemples, & dont les têtes portent une urne de bronze doré où est le cœur de Henri II. Un autre piédestal triangulaire sur lequel sont placés trois génies tenant des flambeaux à la main, porte une colonne semée de flammes, & sur le haut est une urne qui renferme le cœur de François II, surmontée d'une Couronne qu'un Ange tient. Ces mausolées qui sortent des genres communs ont une élégance & une grace très-remarquables. Ils présentent comme tous les autres des objets qui ne peuvent trouver place dans nos Eglises sans indécence.

Les mausolées qui ont succédé à ceux-là, marquent la révolution qui a épuré notre goût, étendu & développé nos idées. Quoi de plus simple, de plus noble, de plus rempli de génie, de feu & d'expression, que le tombeau du Cardinal de Richelieu en Sorbonne. Avec quel étonnement ne voit-on pas à saint Nicolas du Chardonnet, la mere de le Brun sortant du tombeau au son de la trompette, & montrant sur son visage l'ardeur qu'elle a de jouir du bonheur des Saints! Quel plus beau tableau que celui où l'on voit à saint Denis le Vicomte de Turenne, expirant entre les bras de l'immortalité, l'Aigle de l'Empire effrayée à ses pieds, la valeur & la sagesse témoignant leur trouble, leur étonnement & leurs regrets. Un tombeau au-devant duquel un bas-relief de bronze représente la derniere action de ce Héros, une grande pyramide, & des trophées attachés a des palmiers de bronze, ornent la scene de ce magnifique tableau. Il étoit réservé à le Brun de nous apprendre qu'on peut avec le marbre & le bronze peindre aussi parfaitement qu'avec la palete & le pinceau.

L'art des mausolées inconnu à toute l'antiquité, pratiqué d'une maniere barbare jusqu'au régne de François I. parvenu à sa plus grande perfection sous le régne de Louis XIV, n'a point dégénéré de nos jours. Je parle de cet Art qui consiste à présenter une grande & noble image en se renfermant dans l'unité du sujet. Trois derniers mausolées sont la preuve de ce que j'avance. Celui de M. Languet ancien Curé de S. Sulpice, où l'on voit l'immortalité foulant aux pieds les ciprès, tenant d'une main un rouleau où le plan de l'Eglise de S. Sulpice est tracé, repousser de l'autre le voile de la mort. De dessous ce voile on voit sortir l'effigie de M. Languet dans l'attitude d'un homme qu'une vive espérance ranime, la mort tombe à ses côtés, abbatue & vaincue. On vouloit exprimer que ce digne Pasteur s'est rendu mémorable à jamais par la construction & l'achévement de son Eglise. M. Slodtz a saisi cette idée, & l'a rendue avec la plus grande énergie. Il en a fait un tableau des plus simples & des plus frappants. Le sarcophage, la pyramide qui sert de fond, le voile, les bronzes, le choix & l'aſſortiment des marbres, fourniſſent un champ très-riche & très-diverſifié. Les contraſtes ſont heureux & naturels. Les expreſſions vraies & fortes, & il régne dans le tout enſemble un doux accord & une harmonie touchante.

Le tombeau de M. le Cardinal de Fleuri que M. le Moine finit à S. Louis du Louvre, eſt encore un tableau bien peint. On y voit le Prélat expirant entre les bras de la Religion, la France gémit à ſes pieds, la mort s'élance pour répandre ſon voile ſur celui que la France pleure. Ici l'idée n'eſt point neuve, mais la diſpoſition & l'ordonnance ont de la nouveauté ; le caractere eſt grand ; les expreſſions ſont vraies & d'un bon choix ; il y a dans l'effet peu d'agitation, beaucoup de repos ; l'exécution eſt parfaite ; & on doit ſçavoir gré à l'artiſte de l'ingénieux expédient qu'il a trouvé de ſauver autant qu'il étoit poſſible le hideux ſpectacle du ſquelete repréſentant le mort, en le laiſſant appercevoir ſuffiſamment.

Le tombeau de M. le Maréchal de Saxe a été inventé avec beaucoup de génie par M. Pigalle. On voit ce Héros qui descend dans le tombeau avec une fermeté intrépide, la France éplorée veut l'arrêter, l'Aigle, le Lion & le Léopard renversées, sont le simbole de ses victoires. Un génie militaire tient à ses côtés l'étendard, la force & la Valeur voient tristement ce Héros disparoître. Cette belle Image a frappé tout le monde. C'est un tableau des mieux dessinés & des mieux peints. Quel dommage qu'il soit destiné à aller briller loin de nous. N'est-ce pas une nouvelle raison de désirer l'exécution du projet que j'ai indiqué plus haut? Ce monument ne seroit-il pas infiniment mieux placé dans une des galeries de l'Ecole Militaire, que dans une Eglise Luthérienne de Strasbourg?

Les exemples que je viens de citer prouvent qu'il dépend du génie des grands Artistes, de répandre le plus grand intérêt sur ces monumens que l'on destine à la sépulture des Illustres morts. C'est à le produire cet intérêt qu'ils doivent s'attacher par dessus tout. Ils y parviendront toujours, lorsqu'ils présenteront une image naturelle, simple & forte, & qu'ils composeront leur ouvrage comme si c'étoit un vrai tableau. Le mêlange des bronzes, de la dorure & des marbres de couleurs diverses, leur fournit les ombres & les reflets nécessaires. Qu'ils pensent en Poëtes, qu'ils exécutent en Peintres & je leur réponds du succès.

SIXIÉME PARTIE.

De la possibilité d'un nouvel ordre d'Architecture.

IL seroit humiliant de penser que les Grecs ont eu le privilége exclusif d'inventer des ordres d'Architecture. Pourquoi seroit-il interdit aux autres Nations, en s'engageant dans la carriere que les Grecs ont frayée, de pénétrer au-delà des bornes où ils se sont arrêtés? Elle est immense, elle est indéfinie cette carriere. Croyons hardiment qu'il y a encore un grand nombre de beautés cachées que le génie peut appercevoir & produire au grand jour. Tous les Arts, avant que le génie ait porté son flambeau dans leur sein, sont comme un univers enveloppé de ténébres. On y sent en tâtonnant un petit nombre d'objets. L'imagination les renferme dans une étroite circonférence, & ne voit qu'un cahos informe dans leur arrangement & leur liaiſon. Que la lumiere éclaire cet univers inconnu, auſſitôt la vue ſe perd dans ſon immenſité, les merveilles naiſſent & ſe multiplient à chaque pas. C'étoit un petit cercle d'objets confus, c'eſt un monde de choſes régulieres, diſtinctes & frappantes.

Le génie eſt cette lumiere qui donne de la réalité & de l'éclat aux beaux effets de la nature. Le génie paroit tout créer, parce qu'il a la faculté de tout découvrir. La Nature ſemble s'être fait une loi de nous cacher ſes richeſſes. Elle ne nous en donne que de legers indices, pour nous exciter au travail, ſeul reméde à l'ennui d'exiſter, & pour nous faire goûter le plaiſir de la découverte, récompenſe qui nous dédommage de nos peines & qui nous encourage toujours à de nouveaux efforts.

La nature mêlange continuellement l'or avec la boue. Elle tient ſes tréſors renfermés dans des abimes profonds, & n'y laiſſe pénétrer que difficilement. Le génie vient, il ôte les enveloppes groſſieres, il écarte les accidens défectueux, il tire l'or de la boue; & ce qui sembloit commun & trivial, acquiert en passant par son creuset un mérite, un prix inestimable.

Ne disons donc point que les Arts ont des bornes. Destinés à mettre en œuvre les richesses de la nature, leur sphere est nécessairement indéfinie. S'ils s'arrêtent à des limites, c'est que le génie a cessé de présider à leurs progrès. Voilà pourquoi l'Architecture en est restée au point où les Grecs l'avoient portée. Il est digne de nous de franchir ces bornes anciennes. Osons croire qu'il y a des beautés au-delà. Prenons le flambeau du génie à la main, pénétrons où les Grecs n'ont point pénétré, & rapportons-en des merveilles inconnues.

Il s'agit de créer un nouvel ordre d'Architecture. Etablissons d'abord les conditions du Problême & nous indiquerons ensuite les moyens de le résoudre.

CHAPITRE I.

Conditions du Problême.

UN ordre d'Architecture n'eſt autre choſe qu'une maniere de combiner avec grace dans un bâtiment les montants qui doivent ſupporter, & les traverſes qui ſont dans le cas d'être ſupportées. Les montans ſont les pilliers ou les murs poſés perpendiculairement. Les traverſes ſont les planchers & le toît qui portent ſur les montans ou horiſontalement ou ſur des plans inclinés.

La nobleſſe & l'élégance de cette combinaiſon conſiſtent à donner à ces deux parties principales une belle forme, & à les enrichir dans le détail d'un certain nombre de moulures d'un bel aſſortiment & d'un bon choix.

La plus belle forme pour les pilliers ou montans, eſt la forme ronde. On ne doit jamais s'en écarter. Nous avons vu différentes formes ſubſtituées à celle-là, & elles n'ont jamais réuſſi. La forme quarrée eſt dure & ſéche. Le pillier octogone ou dodécagone eſt un peu moins fec, mais ſon contour anguleux a encore de la dureté. La colonne ovale, comme on le voit au portail de l'Egliſe de la Merci, à le défaut de préſenter deux épaiſſeurs inégales ſur deux diamétres différents. Le ſeul contour véritablement agréable & coulant, eſt celui de la colonne parfaitement ronde.

Dans les ſiécles où régnoit ce qu'on nomme l'Architecture gothique, on imagina des pilliers bizarres, formés tantôt par un gros faiſceau de petites colonnes, tantôt par une groſſe colonne dans le milieu, portant, engagées dans ſon fût, quatre petites colonnes à diſtances égales. Ces formes étoient barbares. Le faiſceau de petites colonnes préſentoit un déſordre de contour dans un amas & une confuſion de petites parties. Les quatres petites colonnes engagées dans une grande, offroient une ſurface raboteuſe & ſurchargée mal-à-droitement de parties hors de propos. Ainſi ces formes gothiques ſont tout-à-fait à rejetter.

Dans des temps moins barbares, l'envie de briller par la difficulté vaincue, inventa la colonne torſe. Ce pénible contournement de forme plut d'abord par sa singularité ; car le singulier à encore plus d'empire que le beau sur les trois-quarts des hommes. Le magnifique Autel de S. Pierre de Rome donna de la vogue à cette nouveauté. On l'imita au baldaquin du Val-de-grace & dans beaucoup d'autres endroits. Mais depuis que le raisonnement a banni le caprice, on a reconnu que la colonne torse étoit une mauvaise invention, qui, bien loin d'imiter les beaux effets de la nature, en copioit les défauts & les taches. On a senti qu'une pareille forme représentoit un support qui fléchit sous le poids du fardeau, & qu'il en résultoit une opposition de contours qui, en diminuant l'effet de l'aplomb, rendoit la colonne moins svelte & plus lourde.

La parfaite rondeur de la colonne est donc un choix de forme obligé ; & si l'on veut inventer un nouvel ordre d'Architecture, ce n'est point en cela qu'il faut innover. Les Grecs n'ont admis que la même forme de colonne dans leurs trois ordres, & ils ont fait sagement.

Les colonnes sont susceptibles de différentes proportions. Mais ce n'est point par la seule différence de proportion des colonnes qu'on parviendra à créer un ordre nouveau. Si tout le reste est de même genre que les ordres connus, il en résultera plus ou moins de legéreté dans l'ordonnance; mais l'ordre ne changera point de caractere.

Les colonnes ne peuvent être d'un genre nouveau que par la forme de leurs bases & de leurs chapiteaux. Les Grecs ont inventé trois bases & trois chapiteaux qui ont chacun un caractere particulier. C'est par-là qu'ils ont diversifié d'abord leurs ordres, & voilà ce qu'il faut imiter. Tout Architecte qui aura la belle émulation d'inventer un nouvel ordre d'Architecture, doit s'appliquer sur toutes choses à former des bases & des chapiteaux qui aient une vraie beauté, & qui n'appartiennent à aucun des ordres connus. La chose paroit facile. Le croira-t'on? elle a été jusqu'à présent le désepoir de tous ceux qui ont voulu l'entreprendre.

Les traverses qui doivent porter sur les colonnes, sont le second objet qui se présente. Ces traverses sont le *tabulatum* des anciens que les modernes ont nommé entablement. Les Grecs inventérent cette partie de la maniere la plus convenable. Ils observérent 1°. Qu'un plancher étoit composé de maîtresses poutres d'une muraille à l'autre, sur lesquelles on établissoit des soliveaux que l'on recouvroit de planches ou que l'on laissoit apparents, 2°. Que les rampants du toît aboutissant aux extrémités de ce plancher, les bouts des piéces de charpente y formoient une saillie nécessaire, pour égoutter les eaux pluviales loin du bâtiment. Voilà ce qui a dirigé la composition de leur entablement, qu'ils ont divisé dans tous leurs ordres en trois parties principales, architrave, frise & corniche. L'architrave est la maîtresse poutre qui porte sur les colonnes, la frise est l'espace des soliveaux, la corniche est la saillie des bouts des piéces de charpente, qui viennent appuyer en plan incliné sur le plancher.

Remarquons le parti merveilleux que les Grecs ont tiré de l'assemblage de ces membres divers, & même des moindres effets accidentels qui pouvoient y survenir. Dans l'ordre dorique ils ont voulu que l'architrave fût l'exacte représentation d'une simple poutre sans ornemens. Dans la frise ils ont laissé les bouts des soliveaux apparents, & cela a produit une division très-agrèable en trigliphes & métopes. Sous le plat-fond de la corniche, ils ont laissé apparents de même les bouts des piéces de charpente, posés directement sur les soliveaux, ce qui a produit les mutules. Ils ont apperçu ou supposé, que l'eau de la pluie pouvoit couler sur la face du larmier, se suspendre en petites gouttes sous les mutules, couler ensuite sur la face des trigliphes & les creuser, se suspendre encore en petites gouttes au bas du trigliphe. L'observation de cet accident les a menés à imiter avec art cette grossiere opération de la nature. Ils ont taillé des gouttes pendantes sous les mutules. Ils ont creusé des canaux sur la face des trigliphes, & au bas des trigliphes ils ont représenté encore des gouttes pendantes. L'effet a justifié cette imitation; & il en est résulté pour l'entablement de l'ordre dorique un caractere spécial, qui est d'une beauté précieuse & ravissante. Les divisions de la frise & du platfond de la corniche ont fourni des intervalles inégaux, susceptibles d'ornemens d'un accord facile, d'un contraste piquant & qui produisent l'emsemble le plus parfait.

Dans l'ordre ionique où le dessein

étoit de donner aux choses un caractere plus leger & plus délicat, les Grecs ont imaginé de diviser l'architrave en plusieurs faces, parce qu'ils ont remarqué, que cette division rendoit ce membre moins lourd & moins pesant. Ils n'ont rien laissé d'apparent dans la frise, afin que ce membre pût demeurer lisse ou être décoré d'une sculpture courante, suivant que la nécessité ou la bienséance exigeroit de la richesse ou de la simplicité. Dans la corniche, ils ont choisi la plus legére des piéces de charpente pour la rendre apparente, & des bouts des chevrons ils ont fourni le denticule. Ils ont adouci la saillie du larmier en le faisant supporter par des moulures ondoyantes; & cette union de parties a produit un tout assorti moins fiérement, mais avec une douceur & une grace charmante.

Dans l'ordre corinthien, l'intention des Grecs a été d'étaler la plus grande magnificence. Ce dessein a dirigé la composition de l'entablement de cet ordre. Non-seulement ils ont divisé l'architrave en plusieurs faces, mais ils ont couronné chacune de ces faces de moulures que l'art du Sculpteur pouvoit tailler richement. Ils ont donné à la frise corinthienne le même caractere qu'a la frise ionique. Ils ont voulu qu'elle pût demeurer lisse ou être embellie de sculpture suivant les occasions. Dans la corniche, ils ont choisi des piéces de charpente un peu plus fortes que les chevrons pour les rendre apparentes, & ils en ont formé les modillons qui partagent le plat-fond des larmiers en espaces inégaux, & qui y introduisent l'élégance & la richesse.

En examinant ces divers entablemens, nous reconnoîtrons que le seul entablement dorique a un caractere très-marqué. Les deux autres ont des différences trop peu sensibles. Ils se ressemblent dans leurs parties principales, & ne différent que dans les petits détails. Cette observation nous convaincra que les Grecs eux-mêmes n'avoient pas toute la fécondité de génie que nous serions tentés de leur attribuer. Si leurs idées avoient été moins stériles, nous trouverions un caractere moins uniforme dans l'invention de leurs deux derniers entablemens.

Dans la décadence de l'Architecture, non-seulement l'esprit d'invention ne distingua plus les Architectes; mais ils ne furent plus en état d'imiter les inventions anciennes. Soit impossibilité de trouver des blocs assez étendus pour former les architraves d'une seule piéce, soit ignorance de l'art des claveaux nécessaires pour construire une plate-bande de plusieurs morceaux, ils abandonnerent l'usage des entablemens. Ils substituérent à leur place des arcades d'une colonne à l'autre. Cette ineptie devint générale, & elle a régné jusqu'au renouvellement de l'Architecture antique.

On sent fort bien que s'il est question d'inventer un nouvel ordre d'Architecture, il est convenu qu'on n'ira pas commettre le sot plagiat de planter des arcades sur les chapiteaux des colonnes, comme on le voit pratiqué dans tous les édifices gothiques. La condition essentielle est que l'on conservera l'entablement à l'antique, mais d'une forme particuliere & d'un caractere nouveau.

Les Grecs, qui n'avoient aucune connoissance de nos combles à croupe, & encore moins de nos combles brisés, remarquérent que sur la largeur de leurs bâtimens, la rencontre des deux rampants du toît formoient un pignon. Ils voulurent rendre cette partie intéressante. Ils avoient déjà inventé la corniche où quelques-uns des bouts de piéces de charpente sont apparents. Ils imaginérent qu'il n'y avoit qu'à répéter cette corniche sur les deux rampants du pignon, où elle représenteroit naturellement ce que la charpente a de plus apparent dans ces deux parties. Cette imagination produisit le fronton. Le faîte très-surbaissé de leur toît décida l'ouverture de l'angle au sommet du fronton, & le timpan offrir un champ avantageux pour y tailler les plus beaux morceaux de sculpture en bas-reliefs.

Dans l'Architecture gothique, les frontons ont été fort en usage. Mais ils ont suivi la grande élévation du faîte, cette Architecture ayant été inventée dans des climats où l'abondance des pluies & des neiges exigeoit des combles très-aigus. Si nous inventons un nouvel ordre d'Architecture, gardons-nous bien de faire usage des frontons gothiques. Quand nous les ornerions de moulures du meilleur choix, le mauvais effet de leur élévation outrée, & de leur timpan excessif est décidé.

De tout ce que nous venons de dire, il résulte clairement que la seule diversité de proportions dans les parties de l'entablement, est également insuffisante pour constituer un nouvel ordre d'Architecture. Il faut que ces parties soient d'un genre, & qu'elles aient un caractere qu'on ne trouve point dans les entablemens des ordres grecs.

Telles sont donc les conditions du problême. Pour qu'un ordre d'Architecture soit censé un ordre nouveau, il faut que la colonne ait au moins sa base & son chapiteau d'une forme nouvelle ; il faut que l'entablement ait des différences très-marquées dans son architrave, dans sa frise & dans sa corniche, & qu'en considérant le tout ensemble, le spectateur, accoutumé aux ordres dorique, ionique & corinthien, se trouve véritablement dépaysé, sans toutefois être égaré.

CHAPITRE

CHAPITRE II.

Moyens de résoudre le problême.

IL n'y a que deux moyens de faire du nouveau en Architecture. Le premier est d'inventer des moulures dont la forme n'ait pas été connue. Le second est de combiner d'une maniere nouvelle les moulures anciennes.

On appelle moulures toutes les inégalités de surface. Ces inégalités ne peuvent être qu'en lignes droites ou en lignes courbes, en relief ou en creux. Les moulures droites en relief ou en creux, ne peuvent avoir que trois différences spécifiques. Elles sont toutes ou à angle droit ou à angle aigu, ou à angle obtus. Celles à angle droit se nomment les moulures quarrées. Celles à angle aigu se nomment les moulures acutangles, celles à angle obtus se nomment les moulures obtusangles.

Au nombre des moulures quarrées sont les listels, les bandeaux, les plinthes, les larmiers, les faces d'imposte d'architrave & d'archivolte, les denticules, & généralement tous les membres lisses. Parmi les moulures acutangles, on compte en creux les gravures & canaux des trigliphes, en relief les bossages à chamfrain &c. Les moulures obtusangles sont dans tous les compartimens poligones plus grands que le quarré.

Les moulures courbes se subdivisent en un plus grand nombre d'especes, parce que les lignes courbes peuvent se diversifier à l'infini. Il y a les courbes régulieres & les courbes irrégulieres. Les régulieres sont celles qui peuvent être réduites à quelqu'un des segmens du cercle. Telles sont l'ove ou quart de rond en relief; le cavet ou le quart de rond en creux; l'astragale, le tore, ou le demi-rond en relief; la scotie ou le demi-rond en creux; le talon, moulure composée de deux quarts de rond, dont l'un est en relief & l'autre en creux, le quart de rond en relief étant en saillie sur le quart de rond en creux. Cette moulure est susceptible de deux positions qui produisent deux effets différents. Le talon peut être droit ou renversé. Il est droit si le quart de rond en relief est supérieur. Il est renversé si ce même quart de rond est en bas. La derniere des courbes régulieres est la gueule, autrement nommée doucine ou cimaise. Elle est l'inverse du talon ; c'est-à-dire que le quart de rond en creux fait saillie sur le quart de rond en relief. Elle est également susceptible de deux positions. Elle peut être droite ou renversée. Elle est droite si la partie saillante est en haut. Elle est renversée si la partie saillante est en bas.

Les courbes irrégulieres sont en grand nombre. Les plus connues en Architecture sont le tore corrompu ou la moulure en demi-cœur. Elle peut être en relief ou en creux, droite ou renversée. La moulure en spirale, qui est employée à former les contours des volutes & les enroulemens des consoles. Elle peut être droite ou renversée. La spirale est droite, lorsque les helices se contournent de haut en bas. Elle est renversée lorsque les helices se contournent de bas en haut. La panse & le col des balustres sont encore une des courbes irrégulieres usitées en Architecture, qui peuvent varier beaucoup. L'évuidement des entrelas admet une quantité prodigieuse de différentes courbes irrégulieres. Le galbe des grandes feuilles & leurs revers ou courbures, ainſi que les campanes formées par les volutes du chapiteau ancien de l'ordre ionique, donnent d'autres courbes irrégulieres dont les Architectes ont fait uſage.

Voilà en gros ce que les Grecs nous ont tranſmis. Avoient-ils recherché, découvert, épuiſé tout ce qui eſt poſſible en ce genre? Je ne le crois pas. Les modernes ont ajouté aux courbes irrégulieres antiques, les courbes en vouſſure qui peuvent ſe diverſifier à l'infini. Combien d'autres courbes de même eſpéce, une obſervation ſoigneuſe de la nature ne feroit-elle pas découvrir? Il n'eſt rien en quoi la nature montre peut-être plus de fécondité que dans la maniere dont elle diverſifie le contour des choſes. Voilà ce que l'Artiſte doit étudier & rechercher. Il y découvrira une infinité de modéles, d'après leſquels ſon bon génie pourra tracer & varier agréablement les moulures. Il ne faut pour cela que ſçavoir choiſir les plus beaux contours & les épurer des incorrections dont ils reſtent aſſez ſouvent chargés en ſortant des mains de la ſimple nature. C'eſt ainſi que le Sculpteur Callimaque parvint à inventer le chapiteau corinthien. Il vit une Acanthe étendre ses feuilles & ses tiges autour d'un vase couvert d'une tuile. Cet objet fournit le modéle, & le génie du Sculpteur excité par le bel effet de cet accident fortuit, arrangea, rectifia, perfectionna les détails au point de produire le plus superbe des chapiteaux. Si nos Artistes sçavoient s'égarer quelquesfois à la campagne. S'ils avoient l'esprit de suivre la nature dans ses caprices & dans ses écarts. S'ils avoient le don d'accompagner leurs observations d'un jugement sain & d'un goût exquis, ils étendroient chaque jour la sphére de l'Art, & augmenteroient continuellement le dépôt de ses richesses.

Sous le régne de l'Architecture gothique, les Architectes voulurent s'approprier les beautés de la nature qui avoient échappé aux Anciens. Mais dépourvus de goût pour les bien choisir, ils ne recueillirent que ce qu'il falloit rejetter. Les plantes les plus sauvages & les plus épineuses ornerent leurs chapiteaux. Les côtes des feuilles les moins bien contournées servirent de modéle aux nervures de leurs voutes. Ce n'est point de la ſorte qu'il faut puiſer dans les tréſors de la nature. C'eſt à ſes plus beaux effets qu'il faut s'attacher. Encore ne doit-on pas s'attendre que la nature donne jamais les choſes dans un état de perfection. Il y a dans ſes meilleurs ouvrages des ſuperfluités que l'Art doit retrancher, des négligences que le génie doit ſuppléer.

Nous aurons de grandes reſſources pour l'invention d'un nouvel ordre d'Architecture, ſi nos Architectes viennent à bout d'inventer de nouvelles eſpéces de moulures, de nouveaux genres d'ornements, en empruntant de la nature ce qu'elle a de plus excellent, & en y appliquant ce que l'Art a de plus ſublime pour épurer les dons de la nature. S'ils ſçavent nous préſenter quelque bel effet dont on n'ait point eu d'idée, il leur ſera auſſi aiſé qu'aux Grecs, de compoſer un nouvel ordre qui ait un caractere marqué.

C'eſt-là le moyen le plus ſûr d'arriver au but que nous nous propoſons. On peut y atteindre encore d'une autre maniere, en combinant d'une maniere nouvelle les moulures & les ornemens anciens. Les Architectes de l'ancienne

Rome prirent cette derniere voie pour composer leur ordre romain. Mais en cela même ils montrérent un génie peu propre aux belles inventions dans les Arts. Ils ne firent qu'imiter l'ordre corinthien, en y faisant quelques changemens. Ils retinrent sa base & ses proportions. Ils voulurent diversifier son chapiteau ; mais à cet égard leur imagination leur fournit pour toute nouveauté, l'idée de combiner ensemble les chapiteaux corinthien & ionique. Ils prirent la partie supérieure du dernier, qu'ils plantérent sur la partie inférieure du premier. Pour l'entablement, ils mirent peu de changement aux profils de l'ordre corinthien. Ils réduisirent l'architrave à deux faces, au lieu de trois. La frise resta la même. La corniche réunit les denticules & les modillons, & quelquesfois ils leur substituérent des sortes de mutules divisés, comme l'architrave, en deux faces.

Cet ordre romain a .. peu de caractere, qu'il faut le voir avec des yeux bien exercés, pour ne pas le confondre avec l'ordre corinthien. Aussi n'a-t'il jamais été regardé que comme un des ordres composites, qui sont sortis en grand nombre des atteliers des modernes, & qui, en retenant les formes des Anciens, n'ont différé d'eux que par quelques menus détails. Tels sont ces ordres, où, sur une colonne, une architrave & une frise dorique, on a planté une corniche ionique ; ceux où l'entablement corinthien a été réuni avec la colonne ionique ; ceux où l'on voit la colonne corinthienne, la frise dorique, l'architrave & la corniche ionique ; ceux enfin où il n'y a que des moulures substituées à d'autres moulures, sans qu'il en résulte un effet sensiblement différent.

Il n'y a rien en tout cela qui puisse constituer un ordre nouveau. Tout se borne à des déplacemens & à des remplacemens qui n'on rien d'assez marqué pour produire un effet imprévu, & pour donner un caractere spécial à l'ordonnance.

Sous Louis XIV, on eut la noble ambition d'inventer un ordre françois. On sentit que la principale chose étoit d'inventer un chapiteau de caractere. On donna le problême à résoudre au Célébre M. Perrault & aux meilleurs Sculpteurs de ce siécle si fécond en grands génies. Il résulta de tout cela un chapiteau de même forme & de même caractere que le chapiteau corinthien. On substitua aux feuilles d'acanthe des pennaches de plumes d'Autruche. Au bas de ces pennaches on mit un diadême fleurdelisé. On suspendit aux pennaches les cordons des Ordres de saint Michel & du saint Esprit. On mit un Soleil rayonnant, devise de Louis XIV, à la place de la fleur qui est sur le tailloir du chapiteau. Cet ensemble parut bizarre, on en trouva l'effet fort inférieur à celui du chapiteau corinthien. Cette nouveauté fut rejettée avec raison, & on tint l'impossibilité d'un ordre françois pour démontrée.

On alla trop loin. Il falloit rejetter ce mauvais chapiteau françois, & ne pas desespérer d'en inventer un meilleur. Depuis ce temps-là, l'idée d'un ordre françois a eu le sort de tant d'autres projets excellents en eux-mêmes, qui échouent par découragement. Il auroit fallu protéger cette idée, offrir des récompenses capables d'exciter une vive émulation, & ne point abandonner le projet qu'il n'eût été rempli.

Après tout, cette idée n'est point indifférente. Nous aspirons à la gloire des Arts, pourquoi n'aurions-nous pas une Architecture nationale comme nous avons une musique de notre invention ? Ne seroit-il pas honorable pour nous qu'il y eût des ordres françois comme il y a des ordres grecs, qu'étant déjà en bien des Arts le seul peuple que l'on puisse citer, n'ayant en musique que l'Italie pour rivale, il fût vrai qu'en Architecture la France va, pour l'invention, de pair avec la Gréce. Il n'est point du tout impossible de remplir cette grande idée. Je vais donner ici une legére esquisse qui prouvera, qu'on peut, avec le génie que je n'ai point, composer des ordres françois qui le disputeront pour l'effet avec les ordres grecs.

CHAPITRE III.

Exécution d'un ordre François.

JE vais d'abord donner l'idée d'une colonne, qui par sa base, son fût & son chapiteau, sera différente de toutes celles que l'on a imitées d'après les monumens antiques.

La base sera composée au-dessous du congé de la colonne d'une petite gueule renversée, d'un premier astragale, d'une scatie formant en creux exactement le demi-rond, d'un second astragale, & d'une grande gueule renversée sur la plinthe. Cet assemblage de moulures formera un bon profil, qui n'aura rien de commun avec les profils des bases anciennes. Il imitera le bon effet de la base attique, la meilleure des bases gréques; & nous aurons une base à nous que nous nommerons base françoise.

La tige de la colonne au lieu d'être sillonnée en cannelures, sera semée de fleurs-de-lis sans nombre, d'un relief médiocre, telles qu'on les voit semées sur le bâton de commandement. Le relief des fleurs-de-lis sera pris & épargné sur le contour de la colonne, & le creux des entre-deux sera fouillé jusqu'au demi enfoncement des cannelures ordinaires. Cette colonne aura 10 diamétres dans sa plus grande épaisseur, & 11 diamétres dans sa plus grande legéreté. Il est juste qu'un ordre françois participe du caractere que toute l'Europe nous attribue; & qu'étant regardés comme la Nation qui à l'esprit le plus délicat & les mœurs les plus legéres, l'ordre françois soit le plus leger des ordres.

Le chapiteau françois sera de même hauteur & de même saillie que le chapiteau corinthien. Son plan sera formé par une maniere de vase rond, qui ira en s'élargissant insensiblement depuis l'astragale de la colonne, jusques sous le tailloir, où les lévres du vase iront joindre un grand tore bien détaché. Ce vase sera orné de caneaux avec roseaux, & sous les quatres angles du tailloir, il y aura une feuille de refond, qui montera depuis le bas du vase, & qui se repliera en un revers d'un beau choix un peu au-dessous de la lévre du vase. Le tore sera orné de feuilles d'achantes tournantes sur faisceaux. Le tailloir sera quarré comme dans l'ordre dorique, & n'aura qu'une face lisse, ornée de postes fleuronnés. Sur chaque face du tailloir il y aura dans le milieu une fleur-de-lis rayonante, soutenue & cantonnée de deux petites branches de palmier. La sofite du tailloir dans les quatre angles sera ornée de rosaces.

Voilà une composition de colonne toute nouvelle. Le chapiteau qui en est la partie la plus frappante, seroit d'une forme très-naturelle & très-simple. Il feroit certainement de l'effet & auroit un très-grand caractere. On ne pourroit le confondre avec aucun des chapiteaux en usage; la fleur-de-lis mise sur son tailloir en aigrette, lui donneroit une empreinte qui marqueroit son origine à jamais.

Donnons présentement l'idée d'un entablement dont toutes les parties fassent un effet que ne font point les ordres grecs. L'architrave n'auroit qu'une face à la maniere de l'ordre dorique; mais sur cette face, des cordons de feuilles de laurier seroient distribués en festons, noués à des rubans & avec une chûte, sous chacune des consoles de la frise. La sofite de l'architrave seroit ornée de guillochis simples, ou doubles, ou à entrelas. Les plat-fonds des portiques sous les architraves seroient ornés d'une table quarrée en ravalement. Le fond de cette table seroit rempli, ou par un grand Soleil rayonnant, ou par une mosaïque en compartimens, lozangés ou exagones avec une fleur-de-lis dans chaque creux, ou enfin par le chiffre fleuronné du Roi, surmonté de la Couronne royale.

La frise seroit divisée en consoles & métopes. Les consoles porteroient à cru sur la saillie de l'architrave, & auroient la forme d'une courbe allongée, & contournée en volute droite sous le tailloir. La face de la console seroit ornée d'une feuille qui s'en détacheroit vers le haut pour former un revers sous la volute. La métope auroit une largeur double de celle de la console. Elle seroit couronnée par un cavet aligné à l'œil de la volute de la console. La métope auroit une table en ravalement dans laquelle on sculpteroit alternativement le Sceptre & la main de Justice enlacés avec la couronne, les deux masses des Sceaux enlacés avec les cordons des Ordres du Roi;

le glaive & la balance enlacés avec une corne d'abondance.

La corniche feroit compofée d'un fort tailloir, couronné d'une moulure en demi-rond, taillé en feuilles de laurier. Les fofites du tailloir au droit des métopes, feroient ornées de lozanges avec des foudres.

L'entablement entier feroit de deux diamétres ou de 120 minutes. On donneroit 30 minutes à l'architrave, 50 minutes à la frife & 40 à la corniche. Les confoles de la frife auroient 30 minutes d'épaiffeur, les métopes 60 minutes de largeur, & le tailloir 60 minutes de faillie.

Un ordre ainfi compofé auroit vraiment un caractere fpécial, puifque toutes fes parties principales différeroient des ordres grecs par des endroits très-fenfibles. Il y auroit d'ailleurs de la force, de l'union & de l'harmonie dans cet enfemble, & je me perfuade que l'effet en feroit des plus fatisfaifants.

En ébauchant ainfi l'idée d'un nouvel ordre d'Architecture, je ne prétends point, au refte, avoir rencontré, ni l'unique, ni la meilleure maniere de le compofer. Mon intention a été feulement de prouver que l'exécution de cette idée n'avoit rien d'impossible, & de mettre nos bons Architectes sur la voie. Je voudrois qu'ils eussent le courage de méditer & d'approfondir mon idée, d'écarter les préventions que l'habitude donne & qui sont toujours funestes au progrès des Arts, de se livrer de bonne-foi & avec zèle au dessein de produire un ordre françois. Ils parviendroient infailliblement à en composer un, & à le mettre à l'abri de toute critique.

Quand on considére qu'avec 7 sons & 2 mouvements, le génie a produit des genres de musique très-multipliés, peut-on ne pas présumer que les Architectes qui travaillent sur un beaucoup plus grand nombre d'élémens, multiplieront les genres d'Architecture, lorsqu'ils voudront sortir de la classe des simples imitateurs.

Tous les jours dans les décorations d'appartement, ils montrent une fécondité étonnante. Ils varient sans cesse leurs profils, & leur bon génie leur fait rencontrer des singularités très-piquantes. Pour produire les effets les plus séduisants, il leur suffit de posséder à fond tous les élémens de l'Architecture, de sçavoir bien profiler, bien assortir les diverses moulures droites ou courbes, régulieres ou irrégulieres, & d'y répandre l'ornement avec précision & sagesse. Que faut-il de plus pour inventer un nouvel ordre d'Architecture?

Ils ne sentent pas qu'en se bornant à des décorations d'appartement, ils ne peuvent acquérir qu'une gloire médiocre. Ils travaillent pour le siécle présent & seront ignorés dans les siécles à venir. Au lieu que s'ils s'appliquoient à l'invention que je leur conseille, & s'ils parvenoient à en remplir noblement l'objet, ils s'assureroient une gloire immortelle. Toutes les nations apprendroient avec joie qu'on a étendu la sphére de l'Art. Tous les siécles sçauroient qu'en tel temps, tel & tel Architecte ont enchéri sur les inventions des Grecs. Vraisemblablement l'ordre nouveau prendroit le nom de son inventeur, & le perpétueroit d'âge en âge jusqu'à la postérité la plus reculée. Les gens de génie sont faits pour aimer la gloire, & l'amour de la gloire est pour le succès de leurs travaux le mobile le plus puissant.

Il ſeroit digne de l'Académie d'Architecture d'exciter par des encouragemens & par des récompenſes, les illuſtres Membres qui la compoſent, à eſſayer leurs talens dans une carriere ſi brillante. Elle ſe chargeroit d'examiner l'invention, d'en peſer les avantages & les inconvéniens, d'en éclairer les détails du flambeau de ſa judicieuſe critique. Une ſi belle entrepriſe formée par de ſi habiles gens & ſous de ſi heureux auſpices, ne pourroit manquer de réuſſir, & elle illuſtreroit notre ſiécle à jamais.

SEPTIEME PARTIE.

Des voutes & des couvertures.

L'ART des voutes eſt très-néceſſaire en Architecture. Je ferai ici quelques obſervations ſur leur forme, leur charge & leur pouſſée.

Dans nos Egliſes, la voute eſt un objet principal. C'eſt-là que l'Architecture gothique déploie ſes plus brillantes reſſources. Ses voutes hardies, legéres, ſinguliérement hiſtoriées font un effet ſurprenant. Dans toutes les Egliſes que nous avons bâties depuis la renaiſſance de l'Architecture gréque, la voute eſt lourde & maſſive, d'une forme commune & ſans agrément. Entrons à ſaint Euſtache, rien de plus élégant que la voute de cette Egliſe par la bizarrerie de ſes contours, par l'entrelaſſement de ſes nervures. Entrons à ſaint Sulpice, rien de ſi inſipide que ce berceau nud, percé de lunettes tout auſſi nues, &

coupé de gros arcs doubleaux ornés pesamment. Il faut convenir que si nous avons surpassé nos anciens en beaucoup d'autres choses, nous sommes encore bien loin d'eux pour l'artifice des voutes.

Leurs formes à tiers-point avoient bien des avantages. Prévenons du moins le juste regret qu'on pourroit concevoir de ce que nous y avons renoncé. Quoi! ces hommes que nous plaignons d'avoir vécu dans des siécles de barbarie, auront construit des voutes que nous sommes forcés d'admirer; & nous qui nous flatons d'avoir reçu le flambeau du vrai génie, d'avoir été à l'école du Dieu du goût, il nous sera impossible de rien faire d'approchant? A Dieu ne plaise que nous soyons condamnés à cette stérilité humiliante. Nous pouvons briller par cet endroit comme par tous les autres. Varions les formes de nos voutes, répandons-y de sages ornemens & nous ne laisserons rien à regretter.

Un grand berceau, taillé en mosaïque, a son mérite & sa beauté. C'est une forme qu'on ne doit pas rejetter quoiqu'elle soit un peu pesante. Elle convient aux endroits dont le caractere est sérieux, sombre, un peu sauvage. Cette forme n'a sa parfaite beauté que lorsque le berceau est plein & sans lunette. Mais alors elle a l'inconvénient d'exclure le jour de la partie qui doit être la plus lumineuse puisqu'elle nous représente le Ciel. Les berceaux pleins & sans lunettes ont été d'usage dans lès Temples antiques & dans les Eglises bâties avant le douzieme siécle. Leur obscurité comparée avec la gaieté surprenante des Eglises qui ont été bâties depuis, & où une Architecture plus legére a introduit vers la voute, le plus grand jour & les plus beaux effets de lumiere, nous rendra ces berceaux désagréables par-tout où les bienséances du sujet n'exigeroit pas une lumiere sombre ou de vraies ténébres. On pourroit cependant les égayer en perçant à la clef de la voute une ouverture quarrée ou parallelogramme, suivant le plan de l'édifice, & en élevant sur cette ouverture une lanterne à jour, au plat-fond de laquelle on transporteroit la partie du berceau enlevée par cette ouverture. Je pense que cette maniere déclairer les berceaux est préférable aux lunettes que l'on perce dans les reins de la voute, & qui y décrivent des courbes irrégulieres. Les voutes à arc de cloître sont sujettes aux mêmes inconvéniens, & on n'a que les mêmes ressources pour y répandre le jour & la clarté.

Les voutes sphériques sont à peu près de même nature. On ne les éclaire bien que par un œil de lanterne dans le milieu. On pourroit dans le plan circulaire d'un dôme trouver une voute en façon de rose gothique. Que l'on dessine sous la clef, une gloire qui darde ses rayons du centre à la circonférence ; que cette gloire soit supportée par plusieurs nervures qui partent de divers points de la circonférence pour se rapprocher & se réunir vers le centre. Que l'entre-deux de ces nervures soit percé à jour ; on aura dans un plan circulaire une voute très-gaie & très-brillante.

Les voutes à arêtes n'ont leur plus bel effet que dans un espace parfaitement quarré où des courbes égales se croisent à angles droits. Dans les parallelogrammes elles réussissent moins bien à cause de l'allongement des courbes & de l'inégalité des angles. Les arêtes de ces voutes ont toujours de la sécheresse & de la dureté, à moins qu'on ne les adoucisse par des ornemens, tels que seroient des palmes que l'on feroit ramper le long de l'arête, en réunissant leurs tiges avec un ruban dans le point de croisement. Le mieux est d'effacer ces arêtes en y substituant des pendentifs & en les racordant à un tableau rond dans le milieu, comme on l'a pratiqué aux bas côtés de la Chapelle de Versailles.

Les voutes en cul de four, ont l'inconvénient des voutes sphériques. Elles interrompent le jour & introduisent les ténébres dans l'endroit où doit régner la plus grande lumiere. On peut sauver cet inconvénient, ou en perçant à leur clef un demi-œil, ou en les dessinant en demi-rose comme nous l'avons dit des voutes sphériques.

Les voutes à traits irréguliers ne doivent avoir lieu que dans les endroits où la nécessité y oblige. Leur hardiesse & leur bizarrerie ne peuvent faire honneur à l'Architecte, que lorsqu'on voit bien qu'il y a été forcé par la difficulté d'un assujettissement qu'il ne pouvoit éviter.

Les voutes en plate-bande telles que les traverses d'architrave & leur platfonds, font toujours un effet admirable dans les péristiles. Elles ont une hardiesse, une legéreté, une grace, fort supérieures à tout ce que l'Architecture gothique nous présente de plus étonnant en ce genre. Voilà donc une ressource qui nous met dans le cas de faire évanouir tous les regrets que pourroit donner l'usage aboli des voutes gothiques. Loin de penser qu'on ait perdu au changement, on trouvera qu'on y a beaucoup gagné, si à ces péristiles couverts en plate-bande, on ajoute des diversités & des contrastes dans les grandes voutes. Si on sçait varier leurs formes en mêlangeant les berceaux, les pendentifs, les voutes sphériques, & en enrichissant ce mêlange précieux, d'ornemens que nos Sculpteurs y taillent bien plus correctement & de plus grand goût que tout ce qu'on voit dans les anciennes voutes. C'est ce qu'a pratiqué ingénieusement M. Souflot dans son admirable Eglise de sainte Geneviéve. Ses voutes bien diversifiées, bien contrastées, de forme toujours réguliere & toujours sage, feront de la plus belle invention & feront le plus grand effet.

Pour le trait des voutes dans les grandes Eglises, on peut se borner au plein ceintre, on peut l'élever au-dessus, on ne ne doit jamais defcendre au-deffous. Le ceintre furbaiffé a toujours une pefanteur choquante. Il eft d'un bon ufage à l'arche d'un pont où l'on ne peut trop adoucir le rampant de la voie, & dans tous les endroits où une pareille néceffité le requiert. Il eft infupportable pour la voute d'une Eglife où l'on ne peut trop faire fentir l'effet pyramidal fous la clef. Le ceintre furbaiffé ne doit être admis que dans les voutes où l'on veut feindre un plat-fond avec vouffures, ou un plat-fonds à impériale. Ces fortes de voutes ont été exécutées & fubftituées aux planchers dans quelques-unes de nos maifons nouvellement bâties. L'envie d'épargner le bois & de fe mettre à l'abri des accidens du feu, en a fait naître l'idée. Cette pratique qu'on ne doit pas négliger & qu'on peut perfectionner, fera d'une grande utilité dans nos Palais & dans tous nos grands édifices, furtout fi on vient à bout de rendre ces voutes plus fourdes qu'elles ne font. Dans les maifons particulieres, on ne les employera jamais, parce que leur creux prend trop d'efpace entre les étages, & que l'économie ne permet pas d'y facrifier ainfi du terrein à pure perte.

L'uſage de peindre les voutes paroît bien naturel & bien vrai. Ceux qui le condamnent par la raiſon qu'on ne doit pas repréſenter le Ciel à découvert dans un endroit fermé, n'ont pas conſidéré que le ceintre de la voute étant l'imitation de la courbe que le Ciel décrit ſur nos têtes, rien n'eſt moins contre nature que de rendre cette imitation encore plus ſenſible par les objets qu'on y repréſente. Ce n'eſt donc point par cet endroit que l'uſage de peindre les voutes eſt défectueux. Pourvû qu'on n'y traite que des ſujets aëriens, que le Ciel ſoit l'unique champ du tableau, qu'on n'y voye point comme dans beaucoup d'endroits, des terraſſes, des montagnes, des fabriques, des rivieres, des bois, & rien de tout ce qui ne peut jamais être au-deſſus de nous, ces peintures n'offenſeront jamais la vérité & le naturel.

Le ſeul accident qui peut en faire rejetter l'uſage, c'eſt la blancheur de la pierre. Le tableau le plus lumineux & le plus vague devient noir & ſombre en comparaiſon de l'éclat de la pierre blanche. Une voute peinte ſur un édifice tout blanc ne ſert qu'à faire reſſortir davantage la blancheur de la partie baſſe, & cette blancheur qui tranche fortement, rembrunit, efface, tue les couleurs les plus vives du tableau. Cet effet eſt très-ſenſible à la Chapelle de Verſailles. Les yeux éblouis par la blancheur de la pierre, ne voient dans les peintures de la voute que des ombres & des bruns qu'ils ont peine à démêler. Cette voute où devroit être le plus grand jour & qui eſt éclairée par un grand nombre de lunettes, paroît ſans éclat. C'eſt ſur l'horiſon le plus ſerein le Ciel le plus ténébreux. Des oppoſitions de cette eſpéce ne peuvent ſe concilier. L'accord eſt banni, l'harmonie ceſſe. On voit la même choſe au dôme des Invalides. Jamais on n'a mis tant d'art pour ménager & diſtribuer les jours. Outre les fenêtres percées dans le tambour du dôme, un ſecond rang de fenêtres éclaire l'entre-deux des calotes. La premiere calote eſt percée comme une couronne par un œil immenſe, à travers lequel on apperçoit le ſommet de la calote ſupérieure. Des jours intermédiaires vont répandre la lumiere ſur ce ſecond ciel où la Divinité eſt peinte comme dans un Sanctuaire inacceſſible. Rien de plus ingénieux & de plus grand que cette disposition. Cependant toute cette peinture vue d'en bas est sans effet, elle paroît obscure & noire; c'est que la grande blancheur de la pierre retient en bas tout l'éclat du jour, qui se trouve absorbé dans la partie supérieure par les couleurs du tableau. On remarque le même inconvénient à saint Roch dans la Chapelle de la Vierge & de la Communion. On le retrouvera par-tout où la blancheur des murailles tranchera aussi fortement.

Les choses ne sont pas de même à saint Sulpice à la Chapelle de la Vierge, où les couleurs du marbre sont plus d'accord avec la peinture de la voute. Cette peinture conserve son éclat, & la fraîcheur de son coloris dans un lieu où les murs incrustés de marbre colorés réfléchissant un jour moins vif, en absorbent une partie, & n'en laissent que ce qu'il faut pour que le tableau soit vu avantageusement. Au sallon d'Hercule à Versailles on éprouve le bon effet de cette harmonie. L'or & les marbres colorés conservent l'éclat du plus beau des platfonds, en absorbant l'excès du jour qui le rembruniroit infailliblement, si on ne voyoit autour de ce sallon que des murailles de pierre blanche. Dans les appartemens meublés, les peintures des plat-fonds réussissent merveilleusement, parce que les couleurs des meubles tempérent la grande vivacité du jour & sont plus d'accord avec les couleurs du tableau.

A saint Roch, on pourroit peindre en marbre de diverses couleurs toute la Chapelle de la Vierge & celle de la Communion. On verroit alors les peintures des voutes acquérir l'éclat qui leur manque, comme un tableau qu'on vient de laver & de rafraîchir. Ce changement que je propose seroit peu dispendieux, & ne troubleroit point l'harmonie de l'Eglise, dont ces deux Chapelles sont des dépendances isolées. Au contraire l'effet de perspective au-dessus du maître Autel deviendroit beaucoup plus frappant.

Les voutes ont une charge qu'il faut sçavoir estimer & alleger. Un Architecte peut aisément calculer le poids des matériaux qu'il y emploie, & déterminer au juste le degré dépaisseur qu'il doit leur donner, pour que la voute se soutienne avec le moins de charge qu'il est possible. Une voute d'Eglise qui n'a rien à porter sur son extrados n'exige que la moindre des épaisseurs nécessaires. Nous en connoissons plusieurs dont les voussoirs n'ont que 5 à 6 pouces d'épaisseur. C'est en allégeant ainsi la charge des voutes, que les maîtres en Architecture gothique ont donné la plus grande legéreté à leurs bâtimens. On y voit des voutes immenses supportées par des colonnes qui ont à peine un pied de diamétre. Ces hommes que nous osons dédaigner quelquesfois, connoissoient beaucoup mieux que nous l'art de bâtir très-solidement avec les constructions les plus legéres. Ils sçavoient ce que nous ignorons, le *maximum* de ce que peut porter une colonne relativement à la densité de ses matériaux.

Nos connoissances sont assez certaines sur la force du bois qui porte de bout. Elles le sont bien moins sur la force de la pierre qui porte de même. Nous jugeons de la densité de ces deux matieres par leur pésanteur. Mais nous ignorons à quel point elles différent par la tenacité de leurs parties. C'est pourtant cette tenacité qui doit principalement décider de leur force. Le bois est un amas de parties longues & fibreuſes, fortement liées enſemble. Il réſiſte peu au ciſeau & à la ſcie. Il fait au marteau une bien plus grande réſiſtance. En frappant ſur le bois à grands coups de marteau, on comprime ſa ſurface, on l'écraſe; mais on ne vient point à bout de ſéparer ſes parties par éclats. La pierre eſt tout au contraire. Elle fait beaucoup de réſiſtance au ciſeau & à la ſcie, & elle ſe diviſe en éclats au moindre coup de marteau; c'eſt qu'elle eſt compoſée de petits grains, qui oppoſent au ciſeau & à la ſcie des angles & de petites ſurfaces difficiles à refendre, tandis qu'ils cédent & ſe ſéparent lorſqu'on vient à ébranler leur aſſemblage à coups de marteau. Il y a donc moins de tenacité dans la pierre que dans le bois. Donc à denſité égale, le bois portant de bout doit avoir plus de force que la pierre dans la même poſition. Car c'eſt la tenacité des parties qui fait leur réſiſtance.

Il ſeroit queſtion de s'aſſurer par des expériences du dégré de tenacité des parties de la pierre, afin de connoître avec exactitude la charge qu'elle peut porter. Il me ſemble qu'on pourroit y procéder de la maniere ſuivante. Prenez un poids de dix livres que vous éléverez à la hauteur de 100 pieds. Laiſſez tomber ce poids, il acquerra une force ſuffiſante dont on s'aſſurera en multipliant la maſſe par le quarré de la viteſſe. N'y auroit-il pas moyen de mettre à cette épreuve des maſſes de pierre d'une certaine épaiſſeur, & de juger de la tenacité de leurs parties par leur ſéparation en recevant tel degré de poids à tel degré de chûte. Des Phyſiciens plus habiles que moi en décideront. Tout ſe borne après-tout à inventer le genre d'épreuve. Dès qu'on l'aura déterminé, on pourra ſçavoir ce qu'une colonne de tel diamétre eſt capable de ſupporter; & alors l'Architecte ne marchant plus à tâtons, ſera en état d'établir des voutes ſûrement ſur les conſtructions les plus legeres. Combien n'a-t'il pas fallu de temps pour introduire l'uſage des architraves en plate-bande? Malgré l'exemple des monuments antiques, tous nos petits entrepreneurs décidoient la choſe impoſſible. La colonnade du Louvre a fait diſparoître cette premiere impoſſibilité. On n'a pas été converti. On a craint d'établir une voute ſur deux périſtiles ainſi conſtruits. La Chapelle de Verſailles a détruit cette nouvelle crainte. On n'a pas été converti encore. On a continué l'uſage des arcades & des gros pilliers pour ſupporter une grande voute. Il faut eſpérer que le ſuccès des nouvelles Egliſes de ſainte Geneviéve & de la Magdelaine, ne laiſſeront plus de difficulté. Si on donne la ſolution du problême que je propoſe ſur la tenacité de la pierre, les plus timides s'enhardiront, & les premiers eſſais qu'on n'a faits qu'en tremblant, deviendront d'un uſage commun & ordinaire.

La pouſſée de la voute eſt proportionnée à ſon épaiſſeur & à la grandeur de ſon ceintre. Plus le ceintre eſt ſurbaiſſé, plus la voute a de pouſſée. Voilà ce que tout le monde ſçait. L'inconvénient de cette pouſſée eſt une nouvelle raiſon d'exclure des grandes voutes d'une Egliſe le ceintre ſurbaiſſé, & de lui préférer le trait au-deſſus du plein ceintre. Tout conſiſte pour la ſolidité à établir un juſte équilibre entre la voute qui pouſſe & le contrefort qui butte. Ce travail doit-être déguiſé & dérobé aux yeux autant qu'il eſt poſſible. Il faut conſtruire le bâtiment de maniere que rien ne paroiſſe pouſſer ou butter. C'eſt ce qu'on ne voit point dans les édifices gothiques. Une forêt d'arcsboutans & de contreforts entoure leur enceinte extérieure. Les ornemens recherchés de ces parties ne font point illuſion, & leur apparence eſt celle d'un bâtiment étayé de toutes parts & qui menace ruine. Nous n'avons que trop imité juſqu'à préſent ce défaut choquant des Egliſes gothiques, il étoit temps qu'un homme de génie nous apprît qu'on peut faire mieux. Les voutes de la nouvelle Egliſe de ſainte Geneviéve ſeront parfaitement buttées, mais perſonne n'appercevra comment elles le ſont. Rien à l'extérieur n'annoncera l'effort & la réſiſtance. Le ſpectateur n'aura point d'obſervations à faire ſur la foibleſſe ou la force des arcsboutans. Délivré de toute inquiétude à cet égard, il ne ſera occupé que de la beauté de l'ouvrage.

A la colonnade du Louvre, aux deux grandes façades de la place de Louis XV, il y a des parties qui pouſſent & d'autres qui buttent ; mais ce travail eſt ſi bien déguiſé que toute idée de pouſſée & de buttée diſparoît, qu'on croiroit que le plancher des periſtiles a été établi ſans effort & ſe maintient par lui-même. Les architraves en plate-bande ont certainement plus de pouſſée que les autres voutes, parce que les joints de leurs claveaux ſuivent les rayons d'un ſegment très-ſurbaiſſé. Cependant l'Art eſt venu à bout d'empêcher l'effet de cette pouſſée ſans qu'il y paroiſſe. A la colonnade du Louvre, aux bâtimens de la nouvelle place, au portail de S. Sulpice, il y a de puiſſants avant-corps qui les butent. Les monuments antiques avoient encore plus de hardieſſe. On y voit de grands bâtimens environnés de périſtiles ſur leurs quatre faces, ſans que rien bute contre la pouſſée des plate-bandes. Quels obſtacles ne peut-on pas ſurmonter, quels beaux effets ne peut-on pas produire, quand à un ame courageuſe pour les inventions on joint un jugement aſſuré par des études profondes.

La couverture extérieure de l'édifice, eſt un objet de néceſſité que l'on peut faire ſervir à l'agrément. Il y a différentes manieres de couvrir, en terraſſe, avec toît apparent ou non apparent.

Dans les Pays chauds où la pluie eſt rare, & où l'ardeur du Soleil diſſipe promptement toutes les humidités, on couvre les maisons en terrasse, & outre que cette méthode est sans inconvénient, elle fournit la commodité d'un belvedére, où chacun sans sortir de chez soi, peut aller prendre le frais lorsque le Soleil a disparu. Dans notre climat nous avons moins besoin de cette commodité. La neige, la pluie, le brouillard, les humidités de toute espéce qui nous assiégent les trois quarts de l'année, nous permettent très-difficilement de nous la procurer. Notre meilleur ciment, & nous avons de quoi en faire d'aussi bon qu'en aucun endroit du monde, ne résiste pas à l'effet habituel de l'eau, qui séjourne sur nos terrasses, qui s'insinue malgré qu'on en ait, & qui détruit tout avec le temps. De-là vient que parmi nous les bâtimens couverts en terrasse sont très-rares. Celui de l'Observatoire étoit dans le cas d'exiger une pareille couverture, afin de fournir dans le lieu le plus haut du bâtiment de la facilité pour les observations Astronomiques. On a soutenu la terrasse de ce bâtiment par de bonnes voutes & par de bons murs. On a employé le meilleur ciment pour liaisoner les petits pavés de cette terrasse.

Les précautions paroiſſoient priſes pour une durée éternelle. La pluie à triomphé de tous ces ſoins. Elle a diſſout le ciment, elle a pénétré dans les joints, elle a atteint la voute, elle a ébranlé toute cette forte conſtruction.

Les Chapelles, autour du dôme des Invalides, ſont couvertes en terraſſe. Mais quel Art n'a-t'il pas fallu pour les préſerver du ravage des eaux. Ce ſont de petits toîts de pierre, ou de longues dales ſont placées en recouvrement comme les ardoiſes. Dans l'endroit des joints, une bande de pierre en recouvrement, empèche l'eau de s'inſinuer. Au faîte, des pierres taillées en maniere de tuile creuſe, rejettent l'eau de part & d'autre ſans la laiſſer approcher d'aucun joint. Cette maniere de couvrir eſt très-ingénieuſe, mais elle eſt très-lourde. Elle ne peut convenir qu'à des bâtimens conſtruits avec une ſolidité à toute épreuve.

Si nous voulons couvrir quelque bâtiment en terraſſe, l'expédient le plus ſimple, c'eſt de ſouder des lames de plomb ſur le plancher de la terraſſe, avec des dales de pierre par deſſus. On peut au lieu du plomb, qui a ſes inconvénients en cas d'incendie, diſpoſer des lames de cuivre ou de tole en recouvrement, & les clouer ſur le plancher. On peut encore mettre ſous la terraſſe un petit toît non apparent de tuiles creuſes, élever ſur la partie convexe de ces tuiles, de petits murs de brique juſqu'au niveau de la terraſſe, & établir les dales de pierre ſur ces murs. Si l'eau pénétre à travers les joints de la pierre, elle s'écoulera par les caneaux des tuiles creuſes & aura ſon égout en de-hors du bâtiment.

Les couvertures avec toît apparent ou non apparent, peuvent être conſtruites de deux façons, avec ou ſans charpente. Le toît avec charpente eſt la conſtruction la plus ancienne & la plus ordinaire. Elle a bien des inconvénients. 1°. Elle oblige à une grande dépenſe, les bois de conſtruction étant devenus rares & fort chers. 2°. Elle charge le bâtiment, 3°. Elle ne met point à l'abri des accidens du feu, 4°. Elle expoſe à de grands frais de réparation par la mauvaiſe qualité des bois qui ſe vermoulent & qui pouriſſent, 5°. Elle gêne pour la largeur du bâtiment, parce que comme on ne peut avoir les piéces principales de la charpente que d'une certaine longueur, on eſt aſſujetti parlà à borner l'étendue des piéces que l'on doit couvrir : inconvénient plus fâcheux que tous les autres.

L'invention des toîts briquetés nous eſt connue depuis peu. Elle a pris naiſſance dans des Pays où les bois de conſtruction ſont d'une rareté extrême. La néceſſité a fait imaginer de ſubſtituer à la charpente une voute de briques à tiers point. Sur l'extrados de cette voute on a maçonné des tuiles ou cloué des ardoiſes & le toît s'eſt trouvé fait. Nous avons admis d'abord cette invention, parce que toute ſingularité nous frappe. Elle n'a point eu de vogue parmi nous malgré notre amour pour la nouveauté. Je ne connois dans Paris qu'une maiſon de la rue Bergere, où l'on ait pratiqué un toît ſuivant ce ſiſtême de conſtruction. C'eſt pourtant à Paris, plus qu'ailleurs, qu'on devroit en faire uſage, parce que le bois de charpente y eſt très-cher, qu'il n'y eſt pas toujours employé des meilleurs, qu'à Paris preſque tous les galetas ſont habités, qu'on y eſt par conſéquent plus expoſé qu'ailleurs aux accidens du feu.

Y auroit-il de l'injuſtice à ſoupçonner que les Charpentiers, ſecrettement protégés par les Entrepreneurs, ont fait rejetter cette invention ? Du moins eſt-il certain qu'on n'a eu à lui oppoſer que la force de l'habitude. Car il eſt bon d'obſerver que dans les Arts frivoles nous ſaiſiſſons toutes les nouveautés avec une eſpéce de fureur, témoin cette puérilité, qui n'eſt pas encore tout-à-fait paſſée de mode, d'ornemens prétendus à la gréque, de boëtes à la gréque, de gallons à la gréque, de coëffures à la gréque, &c. &c. Quoiqu'il n'y ait rien de moins grec & de plus déraiſonnable que tout cela. Dans les Arts utiles au contraire les nouveautés ont une peine infinie à trouver crédit parmi nous. Elles échouent preſque toujours contre nos préjugés aveugles & opiniâtres. Il faut pour les introduire braver la clameur populaire, s'expoſer même courageuſement aux traits cauſtiques d'une foule de mauvais plaiſants : témoin ce qui vient de ſe paſſer au ſujet de la nouvelle Egliſe de ſainte Geneviéve. C'eſt un ſiſtême de conſtruction dont on n'avoit point encore vu d'exemple. Cette nouveauté précieuſe a excité contre l'Architecte une rumeur générale. On a dit que son ouvrage étoit manqué, qu'il n'y avoit pas le sens commun, que c'étoit une chose affreuse, &c. &c. M. Soufflot a eu la sagesse de laisser un libre cours à ce torrent de mauvaises critiques, parce qu'il est bien sûr que l'effet de son Eglise achevée l'en vengera pleinement.

Les vrais Artistes ne doivent point s'arrêter à ces vaines opinions d'un public qui juge sans connoissance & qui décide au hasard. Je leur conseille de bien peser les avantages des toîts sans charpente. Ce sistême de construction peut avoir des inconvénients. Il faut les aprécier de bonne foi, tâcher d'y trouver des remédes, afin de ne pas se priver de la commodité inestimable de couvrir sans embarras les lieux les plus vastes, de diminuer la charge & la dépense des combles, & de les mettre en état de résister à tous les assauts du feu.

Nous employons pour couverture le plomb, l'ardoise & la tuile. Le plomb charge & coûte beaucoup, le passage de la grande chaleur au grand froid le fait gerser, le feu le fait fondre. Ces inconvénients sont très-grands. La tuile est plus legére & coûte moins, elle ne s'altére ni par la chaleur ni par le froid, c'eſt une très-bonne couverture, mais l'apparence en eſt peu agréable, & elle ſe prête difficilement aux différentes formes des combles. L'ardoiſe eſt plus legére encore, elle coûte un peu davantage, on l'employe aiſément à toute ſorte de combles, & elle en rend la couverture très-agréable par ſa couleur & ſon luiſant. L'ardoiſe ſeroit préférable à tout ſi elle n'étoit pas caſſante, & ſi on pouvoit l'aſſujettir aſſez pour qu'elle ne fût jamais dérangée & enlevée par la violence des vents. Ne pourroit-on pas ſubſtituer au plomb, aux tuiles & aux ardoiſes, des feuilles de cuivre ou de tole bien minces, que l'on cloueroit exactement ſur le comble, & que l'on imprimeroit d'une couleur à huile comme on imprime le fer des appuis de fenêtres? Cette conſtruction de couverture n'auroit-elle pas moins d'inconvénient, autant d'agrément & de commodité que toute autre? Il y a des Pays où l'on voit des combles couverts en entier de feuilles de fer-blanc, ſoudées les unes aux autres. L'éclat de cette couverture n'eſt point d'accord avec les matériaux de l'édifice ; il éblouit lorſque le Soleil y darde ſes rayons ; il ſe ſoutient quelque-temps ; mais bien-tôt l'humidité rouille ce fer & lui donne une apparence hideuſe. J'ai vû des couvertures de tuiles verniſſées de différentes couleurs & diſpoſées en compartiments, dont les faîtes & les aretiers étoient recouverts de feuilles de fer-blanc, & cet enſemble faiſoit un effet très-agréable. Dans les premiers ſiécles on a vu beaucoup d'Egliſes couvertes de lames de cuivre doré. L'ancienne Baſilique de S. Pierre du Vatican étoit couverte de cette façon, ainſi que l'ancienne Egliſe de S. Vincent lès Paris, aujourd'hui ſaint Germain des Prez, que l'on nommoit pour cela ſaint Vincent le doré. Il eſt ſurprenant que dans ces ſiécles de barbarie on employât des couvertures ſi riches, tandis que dans nos jours de magnificence nous n'avons eu que les combles du dôme des Invalides & de la Chapelle de Verſailles où l'on ait vu quelques parties de plomb doré.

Les formes des couvertures ſont de deux genres. Le premier eſt celui où le toît n'eſt pas apparent, nous le nommons couverture à l'Italienne. On l'a pratiqué au Louvre, aux deux nouvelles façades de la place de Louis XV, au Château de Verſailles du côté des jardins, au Palais Bourbon & dans beaucoup d'autres endroits. Ce genre eſt bon & fait de l'effet. Mais il a l'inconvénient que nous avons remarqué plus haut, de ne préſenter qu'une ſeule maſſe en élévation, d'écarter toutes les oppoſitions & tous les contraſtes, & de tout réduire à l'uniformité.

Le ſecond genre ſuppoſe le toît apparent. Ici la forme peut varier à l'infini. La plus ordinaire aujourd'hui eſt le toît à la manſarde qui convient à toute ſorte de bâtimens, & qui eſt préférable aux toîts anciens à deux ſimples égouts, ne fut-ce que par la diverſité qui réſulte du briſis, & parce qu'un toît conformé de la ſorte, n'eſt ni trop aigu ni trop applati. On commence à ne plus faire d'uſage des grands combles. Cependant il eſt certain qu'ils donnoient à nos Palais une apparence très-majeſtueuſe; & il eſt fort à deſirer que la pratique ne s'en perde pas. Ces grands combles conviennent à tous les pavillons en avant-corps. Ils doivent en ſuivre le plan par leur baſe, ils peuvent en contraſter la forme dans leur élévation. On ne peut rien preſcrire ſur les différentes formes de ces combles. C'eſt au génie de l'Architecte de les bien inventer & de les bien approprier au ſujet. Les combles couronnent l'édifice très-noblement. Plus il y a de contraſte & d'oppoſition dans leurs formes, plus l'effet en eſt ſenſible & frappant. Le Palais des tuileries eſt un bon garant de cette vérité. L'effet des combles eſt ſi certain, que de deux bâtimens également décorés celui qui n'aura qu'un toît à la manſarde paroîtra une maiſon ordinaire, celui au contraire dont le toît ſera diverſifié par des combles de hauteur & de forme différente, aura l'air d'un vrai Palais.

Pour les Egliſes, le genre de toît non apparent eſt le meilleur, relativement à la nef, à la croiſée, au chœur & aux bas côtés. Il n'y a que le dôme qui doive être marqué par un comble. Le dôme, à l'extérieur, doit paroître comme une vaſte tour plantée au milieu de tout le reſte comme ſur un large embaſement.

Cette tour doit être couverte par un comble en forme de calote & il faut que la courbe que la calote décrit soit un peu elliptique sans l'être trop. Une calote en plein ceintre paroît écrasée, parce qu'étant vue de bas en haut, le rayon visuel se termine aux deux tiers de sa courbure, passe au-delà en tangente, & tout ce qui est au-dessus n'est point apperçu. Il n'y a donc qu'une coupe elliptique qui puisse donner à la forme de la calote une élévation suffisante au coup d'œil. Cette coupe elliptique peut être déterminée en tirant deux tangentes de part & d'autre sur le cercle à la hauteur de 60 degrés, & en prolongeant la courbe elliptiquement sous l'angle que les deux tangentes forment à leur point d'intersection. La calote du Val-de-Grace peut servir de modéle. Elle est d'une très-belle coupe, & complette d'une façon très-mâle l'effet pyramidal de ce dôme, dont la masse entiere a la forme & l'élancement le plus majestueux. La calote du dôme des Invalides n'est pas à beaucoup près d'une coupe si parfaite, sa courbe décrit une ellipse trop allongée.

Dans quelques monuments antiques, comme au Pantheon, on voit de grandes marches circulaires qui s'élévent jusques au tiers de la hauteur de la calote. C'est un grand défaut. Ces marches alourdissent la calote & la font paroître plus écrasée. D'ailleurs à quoi servent-elles ? Est-ce pour aider les couvreurs à monter ? Il faudroit que les marches fussent continuées jusques au sommet ; & quelle forme plus désagréable, quel objet plus à contresens, qu'un perron circulaire autour de la calote d'un dôme ? Que diroit-on d'un Architecte qui au lieu d'un toît, mettroit sur une maison deux rampes d'escalier ? Que doit-on dire de celui qui met cet escalier audessus d'un dôme.

Les anciens avoient imaginé de laisser au sommet de la calote un œil tout ouvert. Les modernes ont observé qu'il étoit incommode de laisser entrer la pluie & la neige par ce trou. Ils ont imaginé de le recouvrir par une lanterne qu'ils ont ornée en dehors & qui a produit l'amortissement le plus avantageux. Ces lanternes doivent avoir en élévation sur leur diamétre la même proportion que le dôme a sur le sien. Il faut éviter seulement d'y construire un tambour de colonnes, comme on l'a pratiqué à saint Pierre de Rome. Des colonnes ne doivent jamais porter sur un fondement aussi foible que celui d'une calote, qui n'est après tout qu'une sorte de comble & un véritable toît. La construction de ces sortes de lanternes doit avoir toute la legereté que leur position exige. Celle du Val-de-Grace, si on peut la mettre au nombre des vraies lanternes, n'a aucune proportion avec la masse du dôme; & elle est d'ailleurs de la forme la plus défectueuse. Celle du dôme des Invalides est imitée d'après les lanternes que l'on voit à la cime de quelques clochers gothiques. Elle approche un peu davantage de la vraie proportion. Mais ses colonnes soutenues en l'air & sa longue pyramide sont d'un très-mauvais goût.

Après avoir fait mes observations sur toutes les parties des bâtimens, que n'aurois-je pas à dire encore sur leur arrangement & leur assemblage dans le plan d'une Ville. Quiconque sçait bien dessiner un parc, tracera sans peine le plan

en

en conformité duquel une Ville doit être bâtie relativement à son étendue & à sa situation. Il faut des places, des carrefours, des rues. Il faut de la régularité & de la bizarrerie, des rapports & des oppositions, des accidens qui varient le tableau, un grand ordre dans les détails, de la confusion, du fracas, du tumulte dans l'ensemble.

Le plan de Paris a été fait au hasard & sans dessein, aussi est-il défectueux dans tous les points. C'est une grande forêt pleine de routes & de sentiers, tracés sans méthode & contradictoirement à toutes les vues de commodité & d'arrangement. On y est exposé à une multitude d'embarras que l'affluence des voitures & l'insolence des cochers rendent de jour en jour plus périlleuse. Il faudroit aligner & élargir presque toutes les rues. Il faudroit les prolonger toutes autant qu'elles peuvent l'être pour éviter les tournans trop fréquens. Il faudroit percer de nouvelles rues dans tous les massifs de maisons qui ont plus de cent toises de longueur. Dans tous les endroits où les rues se croisent, il faudroit couper les angles. A tous les carrefours il faudroit des places. Il faudroit de larges quais ſur tous les bords de la riviere. Il faudroit démolir toutes les maiſons qui ſont ſur les ponts. Il faudroit avoir le courage & la volonté de bien faire, conſacrer annuellement des fonds à cette grande réparation, & ſoumettre l'entrepriſe à une autorité fixe, qu'on déſeſpérât de corrompre & qui fît triompher le bien général de toutes les conſidérations particulieres. Il ſeroit de la gloire de nos Rois & de la dignité de la Nation, de faire tout concourir, dès à préſent, au deſſein de rendre notre Capitale auſſi ſupérieure à toutes les autres par la perfection de ſon plan, qu'elle l'eſt déja par la beauté de ſes principaux édifices, par l'immenſité de ſon enceinte, par l'avantage qu'elle a d'être le centre & l'école de tous les beaux Arts.

FIN.

TABLE DES MATIERES.

A

B

C

E

F

G

H

I

L

M

O

P

R

S

T

V

Fin de la Table des Matieres.

FAUTES A CORRIGER.

Pages.	lignes.	
2,	29,	de tenter celles ; *lisez*, de toutes celles.
39,	23,	portail de Ste Geneviéve ; *lisez*, de S. Gervais.
38,	25,	on pourroit même mettre ; *lisez*, on pourroit mettre.
90,	24,	architraves des arcades ; *lisez*, archivoltes.
90,	20,	architectorique ; *lisez*, architectonique.
112,	19,	un détranché ; *lisez*, un dé tranché.
138,	20,	lampadoires ; *lisez*, lampadaires.
146,	26,	ne feroient pas ; *lisez*, ne feroit pas.
148,	3,	de la gloire ; *lisez*, de sa gloire.
218,	29,	& l'arranger ; *lisez*, & s'arranger.
239,	4,	parler ; *lisez*, penser.
241,	16,	& dont la masse ; *lisez*, dont la masse.
275,	11,	d'une scatie ; *lisez*, d'une scotie.
276,	25,	de refond ; *lisez*, de refend.

www.ingramcontent.com/pod-product-compliance
Lightning Source LLC
LaVergne TN
LVHW020536230826
846091LV00002B/298

9782019132057